Em busca de Gabrielle

Em busca de Gabrielle
ॐ

Séculos XIX e XX

Vavy Pacheco Borges

Copyright © 2009 Vavy Pacheco Borges

Edição: Joana Monteleone
Assistente editorial: Marília Chaves
Projeto gráfico e diagramação: Pedro Henrique de Oliveira
Revisão: Vivian Matsushita, Alexandra Colontini e Thiago Scarelli
Capa: Moema Cavalcanti

B73e

Borges, Vavy Pacheco
   Em busca de Gabrielle : séculos XIX e XX / Vavy Pacheco Borges.
São Paulo : Alameda, 2009.
   240p. : il.

   ISBN 978-85-98325-83-5

   1. Brune-Sieler, Gabrielle, 1874-1940. 2. Mulheres - Brasil - Biografia. I. Título.

08-5150.   CDD: 920.72
                       CDU: 929-055.2

19.11.08 26.11.08   009910

Todos os direitos dessa edição reservados à
ALAMEDA CASA EDITORIAL
Rua Iperoig, 351 - Perdizes
CEP 05016-000 - São Paulo - SP
Tel. (11) 3862-0850
www.alamedaeditorial.com.br

Esta história foi escrita lembrando Alain,
meu amor de vários mundos.
Uma "nova mulher" me faz pensar em Lola,
minha mãe, e torcer por suas bisnetas,
Carolina e Estela.

Sumário

PARTE I
GABRIELLE LEUZINGER MASSET

Apresentando "tia Gabriela" — 13

Gabrielle Louise, *née* Leuzinger Masset — 23
O casal Eugénie e Gustave Masset: o idílio interrompido — 43
Gabrielle Louise — 87

PARTE II
GABRIELLE BRUNE-SIELER: OU "TIA GABRIELA E SEUS DOIS MARIDOS"

A esposa — 95
Madame Brune no Rio — 97
Madame Brune-Sieler em São Paulo — 111

**A viúva querelante pelo mundo:
Madame Klotz, a "Mata-Boches"** — 127

Em fuga: Mme. Buarque Smith e outras madames ou 143
"O sombrio epílogo de uma vida de fausto"

PARTE III

A MINHA GABRIELLE   165

Cronologia de Gabrielle   189

Quem era quem na primeira geração entre o Velho e o Novo Mundo   193

Post-scriptum   195

ANEXOS

Primeiro Testamento – 1914   201

Segundo Testamento – 1924   207

República Francesa   217

Depoimento perante a Polícia de Paris   219

Conjunto de provas da apelação   233

A poesia da história reside no quase-
miraculoso fato de que, nesta terra, neste
mesmo local tão familiar, andaram outros
homens e outras mulheres,
tão atuais quanto nós hoje,
pensando seus próprios pensamentos,
engolfados em suas próprias paixões,
mas todos hoje desaparecidos,
uma geração se esfumando após a outra,
desaparecidos tão definitivamente quanto
nós mesmos brevemente partiremos,
como fantasmas ao cantar do galo.

G. M. Trevelyan, *Autobiografia de um
historiador*, 1949

Abreviações:

IMS - Instituto Moreira Salles
AJC - Alain Jean Costilhes
FC - Francine Camescasse
CRB - Fundação Casa de Rui Barbosa

Gabrielle Leuzinger Masset

Parte I

Apresentando "tia Gabriela"

Muita gente tem uma tia-velha estranha, de quem se contam histórias na família; a *tia Gabriela* me parecia ser essa tia de meu marido, dita *podre de rica* e bem louquinha. Sobre essa tia-avó escutei muitos casos desde que entrei para a família, no início dos anos 1970: teria sido casada com o dono da fábrica de cervejas Brahma de quem herdara inúmeras ações, fizera um testamento que legava sua imensa fortuna internacional para fundar uma associação que não deixasse mais que os maridos mandassem em suas mulheres, seu segundo marido tentara assassiná-la e depois se suicidara e ela tentara assassinar um Primeiro Ministro francês. As versões eram tantas que minha cunhada, louca por cachorros, achava que a tia tinha querido deixar parte de sua fortuna para *os pobres bichos abandonados*. E, o melhor de tudo, como a tia não deixara descendência direta, seus familiares, depois de muita disputa na Justiça, dela tinham herdado quantias altamente significativas.

Logo após sua morte, requerido por seus irmãos, foi instaurado um processo judicial que revela a luta dos herdeiros procurando provar que ela era incapaz de testar devido a uma insanidade mental. Cinco anos antes de sua morte, os herdeiros indiretos – irmãos e sobrinhos – tinham requerido e conseguido sua interdição. Somente em segunda instância tiveram sucesso na anulação de seus testamentos e, em 1946, e a luta acabou documentada em volume publicado pelo Supremo Tribunal Federal como um caso exemplar – tratava-se de famílias de renome, dizia respeito a muito dinheiro e envolvia advogados, médicos psiquiatras e pareceristas legais de grande importância na época, como os três advogados que defenderam a anulação: Américo Jacobina Lacombe, casado com uma sobrinha herdeira, Luiz Gonzaga do Nascimento Silva e Santiago Dantas, que publicou posteriormente, entre suas obras, seu parecer sobre a anulação. Embora os herdeiros tenham vencido, demoraram para poder embolsar a fortuna: uma carta enviada de Paris por um deles, datada de dezembro de 1962 ou seja, vinte anos depois, afirma: "Espero que desta vez conseguiremos tocar na gaita"; outra carta de 1964 revela, finalmente: "Fiquei satisfeita de saber que os títulos de Gabrielle já estão distribuídos" e menciona a entrada na posse também do *dinheiro líquido*.

No início eu manuseava o exemplar desse processo (que, pela excentricidade do caso, meu marido tanto gostava de mostrar a familiares e amigos) sem muito interesse, mais por cumplicidade afetiva. Até então eu trabalhara somente com história política brasileira do século XX, especialmente a paulista, campo que desde formada me atraiu; jamais pensara em pesquisar a vida de uma mulher que não ocupara nenhum cargo nem exercera atividade pública alguma. A *tia Gabriela* parecia-me alguém que poderia interessar mais a um escritor de minisséries para a televisão; ainda por cima, ela era da elite carioca e eu entendia era de elites paulistas!

Gabrielle em 1896,
aos 22 anos e já casada.

Se por um lado sua imagem de louca me assustava e me repelia, por outro lado me intrigava e me atraía o rosto da moça roliça, bonitinha e de aparência de certa forma desafiadora que *tia Gabriela* fora aos 22 anos, imortalizado em um retratinho preto e branco envelhecido, cujo verso traz a data de 1896 escrita à tinta. Como disse Jorge Luis Borges, "nenhum homem está morto até que tenha morrido o último homem que o conheceu". Embora nenhum dos irmãos que a processou estejam vivos, alguns membros da atual geração mais idosa dos descendentes Leuzinger e Masset me contaram que ela era muito bonita, muito rica, muito esquisita e, sobretudo, muito louca. Foi essa a imagem que selou o destino de seus bens e de sua memória. Um sobrinho-neto, porém, ao ver comigo a mencionada foto – em que se pode entrever um olhar decidido – exclamou logo: "Ah, mas nesse momento tia Gabriela ainda não era louca não!"

Os caminhos de quem escreve história se alargam constantemente e eu ampliei meus interesses. Stella Bresciani, historiadora e grande amiga, ao ouvir a história em uma noite de frio e vinho, me provocou: "A tia é de vocês, o período é seu, burguesia internacional é com você mesmo... Mas, se você não fizer esta história, eu faço!". Desafio é comigo mesmo. Fui me envolvendo e a história da *tia Gabriela* desenrolou-se para as origens do clã no qual ela nasceu, esboçando um perfil de três gerações dos Leuzinger dos dois lados do Atlântico. Tendo entrado na pesquisa mais por motivações familiares, a profissional falou mais alto e aos poucos fui percebendo o único e o particular que interessa a uma historiadora que não brinca em serviço.

Como podemos saber sobre as pessoas desaparecidas no túnel do tempo? Começa-se por procurar ouvir sua voz, seus ecos que nos vem do passado: diários, cartas, livros e contos, escritos, fotos e o que mais houver. Essas são as fontes para nosso trabalho, mas também o são tudo o que disseram ou escreveram as pessoas que conheceram ou estudaram nosso personagem. Do cruzamento, da comparação de todos os dados fornecidos por esses vestígios é que construímos a história de uma pessoa. Nós, historiadores, estamos constantemente em busca de documentação que constitua uma prova do passado que estudamos; a descoberta dessas provas durante a pesquisa é a adrenalina dos historiadores (gosto de dizer que constitui nosso afrodisíaco e funciona para nós como o poder para os políticos).

O processo de anulação dos testamentos foi minha documentação de partida, a base inicial para começar a puxar os fiozinhos da trama da história da vida de quem, deixando de ser a *tia Gabriela,* passou a ser, como registrada em cartório, Gabrielle Leuzinger Masset, depois Brune-Sieler. É um volume de 263 páginas, com os documentos jurídicos em questão, resumos de cartas, reproduções de falas e entrevistas concedidas por Gabrielle ou sobre ela, em diferentes momentos.

Paulistana, ir ao Rio de Janeiro para mim tem sempre um sabor meio mágico e nostálgico, procurando recuperar um pouco de algumas férias maravilhosas que lá passei na adolescência e mocidade. A capital federal dos anos 1950 e 1960 era uma ponta de lança da renovação das artes e costumes brasileiros e foi em boa parte responsável por minha formação. Em busca da memória oral e da documentação de Gabrielle, experimentei muitas emoções nas repetidas viagens à *Cidade Maravilhosa* (o *Riiuo,* palavra que ressoa em minha cabeça pronunciada pelo meu carioca mais querido: meu pai).

Descobertas pontuaram as viagens espaçadas em alguns anos: o levantamento dos autos do processo no Fórum, no 1º Ofício da 1ª Vara de Órfãos e Sucessões, num calor daqueles, apesar de ser julho e pleno inverno; a visita ao histórico Cemitério São João Baptista, num dia azul daqueles de *céu de brigadeiro,* à procura do túmulo *art nouveau* onde Gabrielle está enterrada com seus dois maridos, como desejava; a descoberta de um fascinante diário de sua mãe, Eugénie Leuzinger Masset; os passeios no Cosme Velho e no Flamengo, em busca das mansões onde ela vivera, hoje desaparecidas; as leituras dos jornais de época no imponente Arquivo Nacional; o contato com um acervo Leuzinger no elegante ambiente do Instituto Moreira Salles, na Gávea (do qual constam mais de 100 cartas, um álbum de desenhos de Eugénie e muitas fotos). E, finalmente, quase no final da pesquisa, o trabalho na Casa de Rui Barbosa e seu jardim democraticamente cheio de visitantes e crianças nas manhãs ensolaradas. Lá está o acervo Leuzinger e Masset, doado pelo já citado advogado também historiador Jacobina Lacombe, antigo e por longo tempo diretor da Casa. Compõe-se de papéis dele, sobrinho por afinidade de Gabrielle e sobretudo de seu sogro Georges, o irmão caçula e que demonstram o cuidado dos dois com a memória familiar, pois encontrei até nota fiscal pela metade, alguns documentos à mão indecifráveis, por vezes pequenos bilhetes à lápis. Organizados para consulta somente no final de minha pesquisa, estes documentos vieram detalhar pontos e confirmar meu já esboçado retrato de Gabrielle.

Descobrir algumas pessoas foi outro dos prazeres para quem, como eu, põe os contatos humanos em primeiro lugar. Não por acaso foi Stella Rodrigo Octávio Moutinho – mulher fascinante, memória viva do velho Rio da cultura e da política – quem me fez chegar aos filhos do historiador Jacobina Lacombe: o juiz Américo Lourenço Lacombe e Mercedes Heilborn, que então trabalhava no Instituto Histórico e Geográfico Brasileiro. Embora não tocassem no destino dos arquivos do pai (então ainda não abertos à consulta), através deles cheguei às melhores contribuições para iluminar a infância de Gabrielle: o diário de sua mãe e os apontamentos de seu irmão caçula.

Mas obviamente nem tudo poderia ser só prazer. Foi uma grande decepção não encontrar, apesar de todas as tentativas minhas e de advogados, o processo de interdição de Gabrielle, assim como quatro ou cinco malas mencionadas no processo de anulação, que estariam repletas dos documentos acumulados por Gabrielle durante anos. Sabe-se lá como desapareceu esse *oceano de documentos*,

1. Meus primeiros resultados de pesquisa foram publicados em: Vavy Pacheco Borges, "Desafios da memória e da biografia: Gabrielle Brune-Sieler, uma vida (1874-1940)", em Stella Bresciani e Márcia Naxara (orgs). *Memória e (Res)sentimento: indagações sobre uma questão sensível*, 2ª Edição. Campinas, Editora Unicamp, 2004, p. 287-314.

como se lê no processo, pois ela afirmava que "escrever é minha única defesa" e assim não consegui pôr as mãos em seus diários de viagens, muitas cartas, rascunhos e recortes de imprensa.

Essa derrota inicial foi um duro golpe em minhas ambições e percebi que seria mais difícil tentar, como gosto de dizer, um mergulho na alma de minha biografada. Mas eu já estava por demais envolvida na pesquisa e decidida a destrinchar a história de Gabrielle; tive que me dispor a procurar desvendar suas atitudes de forma mais sutil e trabalhosa. E, o que perdi em profundidade, penso ter compensado em extensão no tempo, ao atingir a história de seus avós e pais. Conforme ela foi saindo da zona de penumbra negativa da memória familiar, dela fui me aproximando e passei a me interessar por todos os aspectos que sua vida iam me revelando sobre ela mesma e sobre a sociedade em que viveu.

Gabrielle, originária de famílias européias que emigraram para a corte do Rio de Janeiro na primeira metade do século XIX, foi casada com dois alemães que vieram ao Rio de Janeiro para trabalhar no final do século XIX, início do XX. Sair em busca dela detalhou-me a já conhecida circulação e cruzamento de pessoas e famílias, do capital e da cultura (atividades, idéias, temas, livros) entre os chamados Velho e Novo Mundos, nos quais até hoje se encontram espalhados inúmeros descendentes dos Leuzinger e dos Masset.[1] E assim acabei por me envolver profundamente na descoberta do mistério da vida de uma mulher que foi, segundo afirmou o único juiz que defendeu a legitimidade de seus testamentos, tão "intensamente dramática que interessaria ao próprio Somerset Maugham" (um autor de grande aceitação nas elites e classes médias brasileiras nos anos 1940, de quem meus pais tinham alguns romances que devorei numa adolescência na qual a televisão não tinha parte). Também para o tutor judicial que teve em seu final de vida, ela "foi uma das mulheres mais famosas no Rio e nas grandes capitais da Europa (e...) poderia ter sido apenas uma ficção de novelista moderno".

Contar a vida de alguém é olhar a história com uma lente de aumento, é ficar atento aos menores detalhes. Ao me propor a pesquisar a história de uma vida, foi necessário me aprofundar no debate teórico sobre as formas de como fazê-lo, ou seja, conhecer o que tem sido escrito sobre as grandezas e as misérias da biografia.[2] Se algum candidato a biógrafo se propuser a ler tudo que existe sobre como se escrever a história da vida de uma pessoa, nunca empreenderá tal tarefa. Um biógrafo atualizado não tem mais a absurda pretensão de esgotar o absoluto de um outro eu (o que não conseguimos nem para nós mesmos, em toda uma experiência de vida, nem com a mais séria introspecção e ajudados por terapias ou psicanálise). Também não mais se concebe a biografia como uma evolução temporal linear *do berço ao túmulo*, como um encadeamento de causas e efeitos. Além disso, temos que ficar atentos aos diversos condicionamentos da sociedade em que o biografado se criou e viveu e um possível papel do já mencionado e famigerado acaso (entendendo-se como tal todos aqueles mil pequenos fatos e incidentes para os quais não existem, ou melhor, não se conhecem explicações). Olhar para o outro é olhar para si mesmo, no que temos de igual, parecido ou diferente, em nossos mais variados níveis. Dessa forma, os problemas de interpretação de uma vida humana são riquíssimos, pois nos defrontam com tudo que constitui nossa própria vida e as dos que nos cercam. E nos obrigam a perceber e aceitar a grande quota de mistério que sempre existe em cada vida.

Tive logo que enfrentar o grande problema que se impõe ao se trabalhar com a história de uma vida: na inevitável cronologia linear dos fatos – que realmente se sucedem uns após os outros

2. Ver Vavy Pacheco Borges, "Grandezas e misérias da biografia", em Carla B. Pinsky, *Fontes Históricas*, São Paulo, Contexto, 2005.

3. Nos anos 1980, Pierre Bourdieu fez duras críticas, hoje clássicas, ao que chamou de *ilusão biográfica* e à linearidade do percurso de uma vida. Ver Pierre Bourdieu "A ilusão biográfica", em Marieta M. Ferreira e Janaína Amado, *Usos e Abusos da História Oral*, Rio de Janeiro, Fundação Getúlio Vargas, 1996.

–, como não fazer com que a vida da pessoa pareça unidirecional, isto é, pareça ter tido um percurso linear, convergindo para uma única direção, o destino final?[3] Ao longo da maior parte do processo, percebe-se claramente a construção de uma visão retrospectiva da vida de Gabrielle, que procura mostrá-la como se ela seguisse um destino inexorável em direção à decadência e loucura. Isso é inadmissível para uma historiadora, pois é uma visão que nega todos aqueles caminhos e possibilidades que parecem se abrir a cada um de nós, seja nas encruzilhadas da vida seja nas miudezas do dia-a-dia. A maioria das fontes sobre Gabrielle aponta como motivação de suas decisões seus *defeitos de personalidade* ou sua *loucura*. Como tomou ela as decisões para os atos que praticou? Infelizmente, pouco conseguindo ouvir sua própria voz sem intermediários, foi difícil espreitar suas dúvidas, suas hesitações, seus debates internos; como todos nós, Gabrielle pautava-se pelo que sentia e sabia no momento. E nem ela nem qualquer um de nós somos modelos de coerência, continuidade ou racionalidade; são fundamentais as tensões entre o vivido e o imaginado, entre o desejado e o temido... Aos poucos, através da contraposição de vozes discordantes, de suas poucas falas e sobretudo a partir das atitudes concretas que ela tomou, comecei a ver sua vida de forma diferente, não simplesmente como um produto de sua tão falada *loucura*.

O cruzamento permanente dos tempos passado, presente e futuro é uma constante em nossas mentes e corações; esse imbricamento das diferentes temporalidades é algo fundamental para se compreender as atitudes das pessoas. Apesar disso, na narração, acabei optando por um eixo cronológico cuja seqüência facilitasse um pouco o acompanhamento da vida de Gabrielle; espero que essa linha do tempo meio simplória fique mais difusa pelo contraste com os meus próprios tempos de vida e de pesquisa, incluídos na narração. Imaginei este livro tanto para um apreciador de *estórias* quanto para um historiador ou outro acadêmico. Essa via de mão dupla me levou aos pequenos detalhes (como datas e referências familiares) e à bibliografia indicada nas notas de rodapé. Para facilitar as idas e vindas em busca de informações elaborei uma tábua cronológica e um esquema das relações familiares. Os anexos procuram satisfazer uma possível curiosidade do leitor.

Gabrielle Louise, *née*[4] Leuzinger Masset

Os fundadores do clã: Georges e Eleonore Leuzinger

Para a boa ordem das coisas, vamos começar a história de Gabrielle pelo começo, por suas origens no Velho Mundo, do outro lado do Atlântico: suíças por parte de seu avô materno (conhecidas desde século XIII) e francesas – estas em um quinhão maior, pois vieram tanto da avó materna (nobres destituídos na Revolução iniciada em 1789) como do pai (burgueses da província). Dois avós foram editores (na França e no Brasil), sua avó, uma tia-avó e sua mãe foram donas de colégios e educadoras. Gabrielle nasceu, portanto, de um berço europeu, com tudo que isso significava no campo da cultura; mas a maioria de seus parentes – embora não o confessassem constantemente – adaptaram-se de forma sólida ao Novo Mundo.

No Brasil, seu antepassado mais famoso é o avô materno Georg ou Georges Leuzinger, cujas empresas e clã familiar estabeleceram seus negócios e afetos entre o Velho e o Novo Mundo – no caso, aspectos indissociáveis.[5] Felizmente, foi preservada uma documentação familiar sem a qual não teria sido possível retraçar a história do

---

4. "Née": assim ela se referiu a si mesma em documentos oficiais; os cronistas sociais famosos de São Paulo e Rio de Janeiro, nos anos 1950 e 1960, usavam o mesmo termo para identificar as origens familiares das então chamadas "grã-finas" colunáveis casadas.

5. Ver *Cadernos da Fotografia, número 3, Georges Leuzinger*, São Paulo, Instituto Moreira Salles, junho de 2006.

patriarca e de seu clã: cartas e fotos, álbuns com histórico familiar de Georg Leuzinger, árvores genealógicas dos Leuzinger e dos du (ou Du, encontrei as duas formas) Authier e tradição oral.[6]

G. Leuzinger nasceu em 31 de outubro de 1813 em Mollis, cidade do Cantão de Glarus (ou Glaris), na Suíça, de idioma alemão e religião protestante. A família guarda ciosamente até hoje exemplares de uma documentação oficial fornecida pela administração de Glarus, que nos informam sobre a participação de dois irmãos Leuzinger nas Cruzadas do século XII; apesar desse histórico familiar, sete séculos mais tarde não escaparam da emigração. No início do século XIX houve uma crise econômica, provocada basicamente pela política protecionista alfandegária adotada pela França napoleônica e pós, aumentando assim o desemprego suíço. Além disso, uma crise agrícola em 1816/17 provocou fome nos campos e penúria nas cidades. Em alguns cantões industrializados da Suíça oriental, entre eles Glarus e St. Gallen, para a maior parte da população o grande meio de subsistência era fiação e tecelagem; mas um tecelão, por exemplo, não chegava a ganhar durante uma semana o suficiente para comprar meio quilo de pão. A única saída foi a emigração e assim houve uma forte leva de mão-de-obra suíça para o Brasil no século XIX, sobretudo para a lavoura.

O avô de Gabrielle, porém, nascera com mais sorte do que a maioria dessa população. Segundo diferentes informações, ele estudou sobre tecidos de algodão e de rendas e/ou administração comercial em Saint Gallen. A falta de opções fez com que ele, aos 18/19 anos, e, anos depois, seu único irmão Johannes (Hans), quatro anos mais novo, acabassem emigrando. O suíço-alemão Georg veio arriscar-se no Novo Mundo, para tentar a vida no Rio de Janeiro, na firma de exportação/importação Casa Leuzinger et Compagnie – propriedade de seu tio Jean Jacques, que nunca

6. Boa parte dessas cartas – aquelas que se encontram no Instituto Moreira Salles – foi guardada por Guilherme Leuzinger Milanez, bisneto de Paul Leuzinger, quem constituíra o acervo.

O casal Eleonore Du Authier e Georges Leuzinger,
nos primeiros anos de seu casamento.

pusera seus pés no Brasil. No Brasil, acabou se tornando, na intimidade e depois publicamente, Georges (com ou sem uma letra s). O caçula foi para os EUA, para Muskatine, Iowa, onde temos notícia que a mãe Sabine o visitou, embora não haja registro de viagem dela ao Rio, apesar de visitas do irmão ao Rio. No final de suas vidas os dois irmãos se correspondiam e Hans vaticinou acertadamente por carta: "Em cem anos nenhum de nossos descendentes terá notícia do outro".

Em uma embarcação a vela, atravessou em 54 dias o Atlântico e desembarcou no Rio nos últimos dias de 1832. Pelas narrações e imagens da época podemos imaginar o impacto da chegada no suíço-montanhês. Por exemplo, outro suíço, Charles Pradez, registra em 1866:

> É preciso ter experimentado como o olhar se torna aflito com a monotonia do aspecto do mar para compreender a alegria, a felicidade inexprimível que se sente avistando terra; quando essa terra se chama Brasil, quando esse panorama é o da baía do Rio de Janeiro, um dos mais belos pontos de vista do mundo inteiro experimenta-se então um sentimento de admiração que a pena não consegue descrever. (...) À esquerda, em primeiro plano, se apresenta a cidade do Rio de Janeiro, com sua catedral, seus numerosos campanários e suas casas brancas; e à direita o olhar repousa os campos de São Domingos, paisagem graciosa enquadrada pela Serra dos Órgãos; e ainda essa vegetação tropical, essas palmeiras, mangueiras, essas ilhas, esse céu azul, todas as esplêndidas novidades da terra americana fazem penetrar na alma uma emoção deliciosa; a admiração transborda e cada um grita: 'Como é belo! Como é belo!'

Mas, se Georg também sentiu tudo isso, o que deixou registrado foi outro tipo de choque. Em carta escrita 38 anos depois a seu filho Paul, tentando consolá-lo de seu afastamento da família, rememora:

7. A tradução das cartas francesas é minha e a das alemãs é de Frank Khol. A grafia das palavras foi atualizada.

> Eu sei muito bem o que você está passando (....) posso assegurar que sua posição em Paris é muito melhor que aquela mesma minha do dia 30 de dezembro de 1832. Sozinho, desconhecido, entre pessoas que falavam o francês dentro de casa, que eu entendia muito mal, e, do lado de fora, o português, que eu não conhecia absolutamente nada. País, nacionalidade, religião, usos, modo de vida, tudo novo, vendo apenas, por assim dizer, os negros meio selvagens da costa da África, sem um só amigo. Sem um outro conhecido além do sócio do meu tio, que juntamente à mulher que vivia com ele me olhavam de lado. Onde eu me deitei pela primeira vez em um quarto sem janela. Nesse horror de posição um só pensamento me sustentou, sem o qual eu estaria morto: o amor de mãe. Por causa deste amor por minha mãe que eu superei todas as vicissitudes de minha primeira existência muito dura no Rio, este Rio que é minha segunda pátria, onde eu me sinto ainda estranho e onde eu morrerei estranho, por que tudo é estranho aos meus ouvidos e ao meu coração, a língua, a religião, as leis, o uso.[7]

Por um depoimento de seu contemporâneo Ernesto Senna, porém, sabemos com certeza que, em suas inúmeras viagens fotografando os arredores do Rio, ele experimentou várias emoções semelhantes às relatadas, por exemplo, nas notas de viagem do Conde de Suzannet. Esse francês, a quem de imediato a imensidão da baia de Guanabara assustou e não produziu a *impressão que esperava experimentar,* atesta:

Glória e Entrada da Barra.
Foto de George Leuzinger.
O Rio de Janeiro do fotógrafo Leuzinger: 1860-1870, Rio de Janeiro, Sextante, 1998, p. 85.

8. Ver Conde de Suzannet, *O Brasil em 1845*, Rio de Janeiro, Livraria Editora da Casa do Estudante no Brasil, 1967, p. 22.

Depois de algumas excursões em volta da baía por entre os inúmeros vilarejos que cercam o Rio de Janeiro, compreende-se e compartilha-se da admiração que inspira a baía do Rio. O contraste entre a vegetação tropical, rica e variada, e a natureza selvagem, quer quando se percorre um vale fértil, quer quando se sobe em uma colina coberta de florestas virgens, seduz e encanta. O mar, cujas águas tranqüilas se estendem até o sopé das montanhas, é semeado de lindas ilhas. Veleiros, vapores e canoas sulcam-no em todos os sentidos. O Pão de Açúcar, espécie de pirâmide natural, eleva-se acima de pitorescas colinas que se reúnem ao Corcovado, cujo amplo cume limita a vista. Cada novo passeio faz descobrir paisagens encantadoras e o entusiasmo iguala o prazer que se sente.[8]

Como os negócios familiares iam mal, o ainda chamado Georg se desentendeu com o sócio do tio, um francês Bernard, e em 1840 já economizara o bastante (como bom suíço que era, suponho) para comprar do suíço-francês Jean Charles Bouvier a loja *Ao Livro Vermelho* (encontrei também como *Ao Livro Encarnado*, traduções de um nome originalmente em francês). Esta era a mais antiga papelaria da cidade, situada na famosa artéria de comércio, a rua do Ouvidor, no centro da cidade, e onde se fazia encadernação para obras impressas e álbuns. Foi lá que os negócios foram crescendo, tornando a firma *Casa Leuzinger* um local de referência obrigatória na vida cultural brasileira da segunda metade do século e seus produtos uma marca de referência e qualidade internacional no campo da tipografia, editoração e fotografia.

No mesmo ano de 1840, casou-se na Igreja do Outeiro da Glória (até hoje tão lindinha lá no alto!) com uma francesa, Anne Antoinette du Authier (em família chamada de Eleonore). Ela chegara ao Rio

Vista do Rio de Janeiro
pelo ateliê Georges Leuzinger.

em abril de 1839 para morar em casa de uma irmã casada, a Baronesa de Geslin, que tinha um colégio na Casa dos Rochedos, na praia do Russel; descendia de uma família de origens nobres de Limoges, na Gascogne, cujo antepassado Gauthier du Authier emigrara durante a Revolução Francesa para a Inglaterra, abandonando mulher e filhos e tendo seus bens seqüestrados. O casal Leuzinger du Authier, no período de 20 anos, teve 13 filhos, seis homens e sete mulheres, sendo que quatro não deixaram descendência.[9] A vida desses filhos do casal, assim como de alguns netos, bisnetos e tataranetos foi, por razões afetivas e profissionais, um constante cruzar do Atlântico, entre os

9. Há o registro familiar de diferentes residências da família: inicialmente moraram na Rua do Ouvidor, 36, onde também havia a loja/empresa familiar. Já com vários filhos, em 1847, mudaram-se para a Rua Mota Carvalho, 47; em 1848, para Rua Santa Tereza, s.n.; aparentemente nos dois anos seguintes em três diferentes endereços: Rua do Castelo, s.n., Princesa do Catete, 31 e Carvalho de Sá, s.n.. Novamente, em 1851, rua Princesa do Catete, 31, ou 431, ou 25 (tantos números na mesma rua me confundiram). Finalmente por um longo período, creio que desde os primeiros anos da década de 1860 até a morte dos dois patriarcas, na Rua São Clemente, no Largo dos Leões, 190.

Fazenda Quititos, nos arredores do Rio de Janeiro.

Escravas.

Velho e Novo Mundos, desde meados do século XIX até nossos dias, o que me levou a configurar o clã Leuzinger como "transatlântico".

Em seu *negócio do papel*, (como ele dizia suas empresas mistas de artes gráficas foram lojas e oficinas de papelaria, encadernação, pautação, edição de livros e outros impressos, como gravuras e depois fotografias), vendia seus produtos até para a Corte, por vezes no lugar da própria Imprensa Régia. Da metade dos anos 1840 a 1850, produziu e comercializou gravuras feitas em litografia, estampadas, em sua maioria, na *Casa Lemmercier* (em Paris) e uma parte no Rio, na *Heaton & Rensburg*.

Tornou-se uma figura pública conhecida no mundo comercial e cultural da corte do Segundo Reinado. Foi graças à rede constituída por ele e seus filhos que a empresa familiar conseguiu se destacar tanto no Velho como no Novo Mundo. Para sua primeira estudiosa, Renata Santos, G. Leuzinger, um verdadeiro *self made man,* foi ao mesmo tempo parte e responsável pelo que pode ser visto como uma globalização *avant la lettre:* o entrecruzar constante de pessoas, idéias e gostos, capitais e negócios, embora em ritmo lento, era já uma realidade.[10] Seus filhos assumiram a dualidade de pertencer aos dois mundos; Edmond, por exemplo, escreveu aos irmãos mais moços estudando na Europa: "Estou seguro de que estão aclimatados aí, como convém a jovens suíço-brasileiros".

Membro da *Germania Deutsche Gesellschaft* – uma espécie de câmara de comércio fundada em 1821 e composta dos *Kaufleute,* a gente do comércio de fala alemã –, circulava nesse meio; mas era um contingente relativamente pequeno essa imigração de fala "teutônica" se, por exemplo, comparada à francesa.[11] O trilingüe G. Leuzinger falava alemão por criação e português após a chegada ao Brasil. Por seu casamento e por relações de trabalho (Lemmercier, Martinet, entre outros) teve ainda inserção no mundo de fala e influência francesa: falava-se francês em sua casa, ele mesmo escrevia bastante em francês e foi nessa língua que redigiu muitas cartas e observações nas gravuras doadas por ele no final de sua vida à Biblioteca Nacional. A versão de seu nome que se guardou foi a francesa, pois foi e é hoje chamado no Brasil de Georges. A influência da mulher se fez sentir também no fato seguinte: seus filhos, batizados pelo pastor luterano Schmidt, acabaram por praticar a religião materna, o catolicismo. Georges teve contato com muitos dos visitantes preeminentes tanto de língua francesa como alemã que estiveram no Rio, entre os quais Maximiliano da Áustria,

10. Renata Santos, *A imagem negociada: A Casa Leuzinger e a edição de imagem no Rio de Janeiro do século XIX.* Dissertação de Mestrado em História, Rio de Janeiro, Instituto de Filosofia e Ciências Sociais da Universidade Federal do Rio de Janeiro, 2003.

11. Essa *Kaufleute* foi *o ponto de partida e a instituição em torno da qual se articulou a solidariedade étnica* e a *Kultur* germânica. Ver Giralda Seyferth, "A imigração alemã no Rio de Janeiro", em Angela de C. Gomes, *Histórias de imigrantes e de imigração no Rio de Janeiro*, Rio de Janeiro, 7 Letras, 2000. A "*Germania Gesellschaft*" – onde se realizou a festa do segundo casamento de Gabrielle – deu origem ao Clube Germânia, ainda hoje funcionando na Gávea. Conjugava negociantes de importação-exportação, "alguns dos quais serviram como representantes diplomáticos de algum país do centro ou do norte da Europa", corretores de bolsa, livreiros e tipógrafos (como e os irmãos Laem-

mert), além de médicos, engenheiros, taberneiros. Fundaram em 1827 a primeira comunidade evangélica luterana, além de uma sociedade de beneficência, a *Hilfsverein* (1844), a qual somente onze anos depois, em 1855, fundou a primeira escola alemã.

12. A publicação mais recente é o já citado volume dos *Cadernos da Fotografia - Georges Leuzinger*, do Instituto Moreira Salles. Fotos de Georges Leuzinger fazem parte do catálogo da *Mostra do Redescobrimento - O olhar distante*, Fundação Bienal de São Paulo, 2000, p. 248-251. Entre três fotos selecionadas encontra-se aquela com a qual recebeu a única distinção feita ao Brasil na Exposição Internacional de Paris em 1867. Ver também Rubens Fernandes Junior e Pedro Correa do Lago, *O século XIX na fotografia brasileira*, Coleção Pedro Correia do Lago, Rio de Janeiro, Editora Francisco Alves, 2001. Mais fotos publicadas pela oficina de G. Leuzinger, como as fotos atribuídas

o Príncipe de Joinville, artistas como o francês Charles de Ribeyrolles e os pesquisadores e naturalistas norte-americanos Louis Agassiz e sua mulher Elisabeth Carey. Parece que foram esses últimos que insistiram com ele para que fizesse fotografar a região amazônica e foi ele quem forneceu ilustrações para o livro dos dois.

Ficou registrado seu rigor na busca de perfeição. Em coleções ou avulsas, as gravuras que editava foram por longos anos as únicas vistas do país que se encontravam, sendo muito procuradas e adquiridas pelos visitantes estrangeiros; certamente contribuíram bastante - como depois as fotografias - para reforçar no Velho Mundo o imaginário sobre o Novo Mundo e seu "exotismo". Anúncios para a venda por subscrição ofereciam a possibilidade de entregas em Paris, Londres, Hamburgo e Lisboa.

Sintonizado com seu momento histórico, na linha de acompanhamento das tendências européias e em continuidade da representação imagética do país, em meados da década de 1860 Georges lançou-se no campo da fotografia: montou um ateliê completo com aparelhagem para viagens pelo interior, encomendando tarefas a fotógrafos hábeis, cujas fotos foram premiadas em exposições internacionais. Chegou a editar um catálogo com 337 fotos de locais do Rio, Petrópolis, Teresópolis e Nova Friburgo. Essas fotos (em coleções ou avulsas) eram vendidas internacionalmente, com suas legendas em francês, a língua da cultura na época; no século XX, segundo peritos na história da fotografia, algumas foram encontradas por pesquisadores em várias cidades européias inclusive da Rússia, mas também das Américas, como Estados Unidos e Argentina. Nesses anos foram produzidas no ateliê lindas vistas não somente do Rio e redondezas mas também da Amazônia, mostrando a flora, a fauna e os indígenas (para alguns, foi quem pela primeira vez fotografou os indígenas do território brasileiro).[12] O Imperador Pedro II foi um admirador ardoroso da fotografia e na coleção de sua mulher, a Imperatriz Teresa Cristina, encontram-se fotos do ateliê Leuzinger; nos álbuns de família dos Leuzinger, por sua vez, encontramos retratos de D. Pedro II e da família real.

Os arquivos da Casa Leuzinger foram destruídos em incêndio no final do século. Porém, por uma etiqueta no diário da filha Eugénie, redigido em um caderno da tipografia familiar, inteirei-me sobre as premiações conseguidas pelos produtos tipográficos nas exposições no Brasil em 1861, 1866, 1873 e 1881; em Londres em 1862, em Paris 1867, em Viena 1873, em Buenos Aires 1882, além de duas medalhas na Exposição Universal de Filadélfia para livros de escrituração, encadernação e tipografia (sem data). No campo da edição, Georges produziu catálogos famosos para a Biblioteca Nacional, além dos chamados *impressos efêmeros* – livros, revistas e jornais ilustrados. A Casa Leuzinger contou entre seus autores nomes reputados como Alfred de Taunay, Joaquim Nabuco e Capistrano de Abreu.

Em 1873, quase um quarto de século após seu início nos negócios, tornou os filhos seus associados, encarregados de diferentes seções e sua empresa passou a se chamar *G. Leuzinger e filhos*.[13] O mais velho, Henri, foi até sua morte o grande esteio da firma.[14] Victor morreu jovem, aos 28 anos, em Paris, em uma das viagens de negócios das quais tanto reclamava nas cartas; o penúltimo dos filhos, também Georges, tomou seu lugar. Edmond, que se casara numa rica família brasileira, foi no ano seguinte trabalhar com o sogro. Jules, o caçula, foi a Nova York para tentar abrir um negócio para o grupo, mas não teve êxito, morrendo logo depois. Paul foi o último a permanecer na firma, tendo-a vendido no início da década de 1920. Franz Keller (marido da filha mais velha Sabine que ao casar-se adotou o sobrenome Leuzinger, passando a assinar daí por diante como Franz Keller-Leuzinger) parece ter sido o único genro a ter

a seu genro, Franz Keller, que adotou no Brasil o sobrenome Leuzinger e Albert Frisch, se encontram em em Pedro K. Vasquez *Fotógrafos alemães no Brasil do século XIX,* Rio de Janeiro: Metalivros, 2000. Nesse livro, fala-se da controvérsia sobre as primeiras representações fotográficas dos indígenas. Ver ainda Boris Kossoy, *Dicionário Histórico-Fotográfico Brasileiro – fotógrafos e ofício da fotografia no Brasil (1833-1910)*, São Paulo, Instituto Moreira Salles, 2000, p. 201-206.

13. Dois pesquisadores foram fundamentais em meu trajeto relativo à família Leuzinger: Renata Santos, cujo pioneiro mestrado na Universidade Federal do Rio de Janeiro (UFRJ) trata da Casa Leuzinger enquanto produtora no campo das artes gráficas, sobretudo como editora de gravuras. O segundo é o alemão Frank Kohl, que estuda em seu doutorado alemão o mercado das imagens fotográficas brasileiras na Europa e a formação da comunicação

Georges Heinrich, Jean Edmond e Vitor Leuzinger no Rio de Janeiro.

Paul, Jules e George Junior em Carlsruhe, onde morava a irmã Sabine.

visual na segunda metade do século XIX; focaliza em especial os fotógrafos de língua alemã, ativos no Brasil imperial a partir dos anos 1850. Os dois pesquisadores tiveram e/ou têm ligações com o Instituto Moreira Salles, que atualmente detém boa parte do material fotográfico trabalhado com a família, no ateliê fotográfico; em uma das cartas é comentado o árduo trabalho de dois filhos também no ateliê.

Uma primeira apreciação dos negócios de Georges foi feito no começo do século XX, em uma história geral do comércio carioca escrita por Ernesto Senna, recentemente reeditada.[15] O testemunho de Ernesto Senna – historiador, poeta, prosador, abolicionista, filantropo, provavelmente um amigo ou pelo menos um simpatizante –

foi o primeiro documento que li sobre o patriarca, mas toda vez que o leio fico emocionada. Uma cópia parcial de seu texto, sem identificação de autoria, circulou entre membros da família e diz:

> Velho e venerando vulto, muito simpático, de ilibada probidade, muito alegre, de gênio franco e expansivo, coração bondoso, atraindo para si todos que dele se acercavam em sua longa existência. De estatura regular, sua fisionomia emoldurada por pequenas suíças e por uma cabeleira um tanto comprida e anelada deixava transparecer toda uma alma de sentimentos afetivos generosos e sãos. Usava óculos de aros de ouro e trajava quase sempre de preto, trazendo à cabeça chapéu de feltro preto, tendo por hábito levantar uma das abas para evitar o castigo da luz solar. Georges Leuzinger foi no seu tempo de mocidade um dos jovens mais formosos desta capital, gozando por este generoso dote da natureza da admiração das beldades da época. Mas era virtuoso. (...) Amava o velho Leuzinger os esplendores da natureza. O hábito desta contemplação que adquirira em sua pátria, toda montanhosa, não o perdeu no Brasil enquanto suas forças lhe permitiram. É assim que conhecia todos os recantos desta capital e do Estado do Rio, que escalava a pé, nos seus dias de lazer, extasiando-se diante da pujança da natureza brasileira que com tanto entusiasmo exaltava. (...) Das suas oficinas saiu uma grande legião de artistas que se espalharam pelo país. (...) Sempre que o procuravam, sempre com paternal carinho, denominava-os filhos da Casa.

Ele foi, segundo Senna, amigo em extremo de seus empregados, incapaz de exercer sobre eles qualquer ato de rigor, esquecendo-se

gráfico e documental referente a Georges Leuzinger.

14. Através do Google, descobri que o filho Georges era esportista e foi um dos fundadores do Clube Esportivo Flamengo.

15. Ernesto Senna, *O Velho Comércio do Rio de Janeiro*, Rio de Janeiro, G.Ermakoff Casa Editorial, 2006 (Primeira edição da Editora Garnier, em 1910).

Georges e Eleonore, fotografados pelo ateliê Leuzinger.

Casa do Largo dos Leões, 190 (em parte ainda em pé) onde o casal viveu os últimos anos.

Largo do Paço, Canal,
Ilha das Cobras (do Castello).
Foto de George Leuzinger.
*O Rio de Janeiro do fotógrafo
Leuzinger: 1860-1870*, Rio de
Janeiro, Sextante, 1998, p. 21.

Sabine, a primogênita, guardiã das fotos familiares.

até de abusos que sofrera e dos que o tinham prejudicado *pecuniariamente*. Em 1885 foi formada uma sociedade beneficente para os empregados; em 1892, alguns contratados de muitos anos adquiriram interesses nos negócios. G. Leuzinger morreu em 24 de outubro de 1892, na Rua São Clemente 190, no Largo dos Leões, onde morava. Seu filho primogênito Henri, junto com Paul e a viúva-mãe como comanditária da sociedade, manteve-se, como já o fazia antes, à frente dos negócios. Em 1898 morre a viúva e, em 1906, Henri. Na verdade, a firma que chegou a festejar um centenário em 1940 como Casa Leuzinger nada mais tinha a ver com a família nem com aquela grande e próspera firma internacional fundada e dirigida com grande sensibilidade por no século XIX.

Foi o décimo filho Paul (que passou por volta de nove anos se educando na Europa, de maio de 1864 até setembro de 1872) o grande responsável pela maioria das fontes sobre a vida do clã. Paul reuniu mais de 100 cartas que nos permitem entrar na intimidade de Georges, sua mulher, seus filhos, noras, netos, genros, sobrinhos e agregados e que nos fazem perceber que, apesar de espalhados por vários países, havia uma grande união familiar. Intensas relações de afeto se evidenciam em cartas, presentes, deslocamentos para visitas e férias, que procuravam aproximar uma numerosa família dispersa. Essas cartas são uma explosão de sentimentos – expressões de saudades, encorajamentos, votos de felicitações por aniversários, finais de ano, nascimentos, casamentos, lamentações por doenças e mortes, descrições de festas, comentários sobre o cotidiano, recomendações de condutas éticas e de aceitação da "vontade de Deus". Anunciavam também o envio de presentes como objetos e /ou dinheiro que, como as cartas, cruzavam o Atlântico nos dois sentidos (há uma goiabada muito festejada no Velho Mundo!).[16] Dessa correspondência resulta, de forma impressionista, a constatação de um enorme afeto entre duas e depois três gerações dos Leuzinger. As constantes idas e vindas através do oceano – de cartas, pessoas, máquinas, produtos – pode nos dar a impressão de que, ao contrário do que se poderia esperar, a distância então não significava muito; mas a tristeza, o trauma e a sensação de violência causados pela separação familiar – apontada por como *necessária* – são pungentes em algumas cartas e nos dão a exata medida da vastidão do Atlântico naqueles tempos. Os nomes dos barcos que atravessavam o oceano pululam nas cartas: *Normandie, Sénegal, Amazone, Lindh, Extremadure, Savoie, Chile, Araguaia,* alguns desses da Messageries Marytmes.

Paul também foi responsável por outra fonte fundamental para esta história: uma espécie de anais da família que redigiu durante

16. Minha cunhada que mora em Paris pede-me constantemente uma goiabada de presente; ao ler essa carta, pensei: "Há já um século e meio os Masset fazem goiabadas atravessarem o Atlântico!"

anos, baseado em apontamentos de Georges e a mulher Eleonore. A partir dos dados desses dois, nessa espécie de *livret de raison* (como eram chamados na França) se encontram anotadas as origens do casal, os fatos importantes da vida dos filhos e da nova família que cada um deles veio a constituir. Encontramos detalhes como a existência de várias amas de leite, entre as quais uma citada nas cartas, a negra Celerina (1807-1890), que ajudou na educação das crianças e morreu na casa de Georges e Eleonore. Pode-se acompanhar os casamentos, nascimentos, batizados, doenças e mortes, assim como as viagens e as estadas, visitas aos locais de origem da família na Suíça ou os parentes du Authier e Geslin na França. Os filhos solteiros passaram anos no Velho Mundo em busca de educação e formação profissional, em escolas técnicas e estágios em lojas de comércio; mais tarde, quando começaram a trabalhar com o pai, em busca de novas técnicas, novas máquinas, de pessoal especializado ou venda dos produtos. As duas irmãs casadas, que moravam na Europa com seus maridos – Sabine e Mathilde, sem filhos – ocupavam-se dos jovens irmãos, enviando correspondência e presentes, albergando-os para estadas, férias etc. Quando em 1864 Paul vai para a Suíça, G. Leuzinger escreve ao amigo David Burckhardt, agradecendo-lhe ter recebido Paul e pedindo: "Por favor, cuide para que ele não se distancie demais do Rio, nem de seus outros parentes na França".

O padrão de comportamento da prole parece ser semelhante por gênero. Os homens trabalharam na empresa familiar e casaram-se com brasileiras, o que fortificava o entrosamento do clã familiar na sociedade local e a procura, provavelmente encorajada por sua mulher, de enraizar o clã no país. As filhas seguiram o modelo materno: as que se casaram – quatro delas, pois uma morreu aos 16 anos e duas outras ficaram solteiras – escolheram estrangeiros como o pai; duas acabaram por morar na Alemanha (Karlsruhe) e na França (Paris, Caen, e no sul da França).

Estudaram para professoras, atividade então comum para mulheres das elites que se intensificou no século XIX, em boa parte

> em função do enfraquecimento do poder (e proteção) do patriarca e da família extensa sobre a geração mais nova. Ao mesmo tempo, educar as mulheres da elite outorgava-lhes poder individualmente, contribuindo assim para o crescimento do individualismo no século XIX e para o maior enfraquecimento do poder patriarcal.[17]

À procura de uma saída para sua difícil situação financeira, algumas mulheres cultas, muitas delas de origem européia, dedicaram-se ao ensino privado (única forma então de ensino leigo). No "Almanak Laemmert", em 1865, entre dados de trinta e sete estabelecimentos de ensino feminino, há uma menção a um "Colégio de Madame Leuzinger".[18] Este se situava na Rua do Príncipe do Catete, nº 25; o registro indica que era uma escola de sessenta e seis alunas, somente para *instrução primária*.[19] Ainda mais tarde, em 1880-1881, Eugénie também dirigiu um colégio.

17. Ver Muriel Nazzari, *O Desaparecimento do Dote*, São Paulo, Cia. das Letras, 2000, p. 91-92.

18. Há notícia do colégio em um Relatório da Inspetoria Geral da Instrução Primária e Secundária do Município da Corte. Mostra matrículas em cursos especiais somente em três matérias: desenho (3) piano ou harpa (20) e dança.

19. Em carta de G. Leuzinger a Paul na Europa, lê-se que sua mulher estava ocupada com o colégio e não podia empreender viagem à Europa. Ela, por sua vez, descreve em carta aos filhos ausentes uma festa oferecida anualmente aos alunos.

O casal Eugénie e Gustave Masset: o idílio interrompido

Entre os dez filhos sobreviventes de Georges e Eleonore, o quinto rebento foi a futura mãe de Gabrielle: Eugenia (1847-1922) ou Eugénie – como ela mais comumente assinava. Nascida na Rua Motta Carvalho, 47, em Botafogo, foi, como outros irmãos, batizada na religião protestante em 5/09/1847; mas, como seus irmãos, por influência materna, professou o catolicismo. Sua imagem familiar era muito positiva; minha sogra, sua neta, me falava dela – "uma professora como você"; as menções póstumas a apresentam como uma heroína, por depois de viúva ter sustentado seus sete filhos com o que ganhava com seu próprio trabalho.

A história do casal Eugénie e o marido francês Gustave Masset (descendente de um editor francês, emigrado e ele mesmo comerciante de roupas na Rua do Ouvidor, como seu sogro) evidencia o espírito de clã: como e Eleonore, o jovem casal também se casou na Igreja do Outeiro da Glória, também morou na rua do Ouvidor em cima da loja Masset e lá também tiveram os primeiros quatro filhos, o que permitia, segundo carta de Eugénie, "ter o prazer de ver todos os dias papai e meus irmãos". Única filha ca-

Rua do Príncipe (atual Silveira Martins). Anotações à mão no primeiro prédio, o Colégio Masset – na janela da rua: "mama"; nas janelas do alto, na rua Eugénie, ao lado: Marie; no segundo prédio, residência Leuzinger, na janela assinado à mão: "papa".

sada que vivia no Rio, eles é que deram ao casal a primeira neta. As cartas mencionam o prazer dos patriarcas de abrigarem em sua casa a já numerosa família Masset, e o genro Gustave escreveu à sua mãe que os sogros não queriam que eles os deixassem para morar na nova casa que ele construíra para sua família. Seus negócios, porém, não deram certo como os do sogro; doente e em péssima situação financeira, ele faleceu deixando Eugénie viúva "desamparada" aos 34 anos, com 7 filhos dos 2 anos aos 12 anos (2 homens e 5 mulheres).

À procura de uma saída para sua difícil situação financeira, ainda um pouco antes de enviuvar, ela buscou a já mencionada solução para auxiliar no orçamento doméstico: o ensino privado.

Eugénie Leuzinger.

Gustave Masset.

Suponho que foi no mesmo prédio do colégio antes dirigido por sua mãe Eleonore, na Rua do Catete, entre a Glória e o Flamengo, que Eugénie se lançou ao ensino profissional. Sob o nome de Colégio Masset, era anunciado como *bem localizado entre o mar e a praia, numa passagem importante entre as regiões mais nobres.*[20]

Quatro anos depois da abertura, ela já afirmava que o colégio ia *bastante bem*. Os advogados do processo de anulação dos testamentos de Gabrielle a apresentaram como "um dos vultos mais respeitados na galeria de nossos educadores do fim do Império e princípios da 1ª República. (...) Suas numerosas alunas ainda vivas (em 1941), ornamentos de nossa sociedade, darão todas testemunho de suas raras e heróicas qualidades de prudência, sabedoria e honestidade". Do ponto de vista financeiro parece ter sido realmente bem sucedida, pois pagou a hipoteca que onerava a residência familiar e ainda deixou uma herança, em 1922, de 150 contos de réis. Deixou também a casa que um de seus bisnetos me contou ter habitado e da qual meu marido guardava uma foto.

Sua voz chega até nós claramente pois, na procura de enfrentar a dolorosa viuvez prematura, escreveu durante alguns anos um diário que ela, de uma forma que me parece voluntária, permitiu que fosse preservado.[21] Meu marido nada sabia sobre isso e quando um primo me contou fiquei ansiosa para por as mãos no tesouro. Quando finalmente o recebi, no Instituto Histórico e Geográfico Brasileiro, entregue por outra bisneta de Eugénie que lá trabalhava, senti uma enorme emoção e mal pude esperar para chegar onde me hospedava e mergulhar na leitura daquelas páginas cobertas por uma escrita elegante e regular. A descoberta me abriu uma janela para vislumbrar os anos de formação de Gabrielle, a vida de casal de seus pais cercado dos filhos, mas foi também uma leitura reveladora e representativa da história dos sentimen-

20. Em uma de minhas visitas de pesquisa ao Rio, um taxista me afirmou, com seu sotaque carioca, em julho de 2000: "Botafogo é o bairro que tem maior número de 'culégios'"; uma amiga me observou que não somente Botafogo, mas também Catete, Flamengo e Laranjeiras. Em 2006, em minha última visita de pesquisa, Botafogo estava em campanha para mudar sua imagem de *bairro de passagem*.

21. Michele Perrot menciona o hábito freqüente entre mulheres dessa época "atear fogo" aos seus cadernos íntimos ou a suas cartas de amor no final de suas vidas, (o que) sugere a dificuldade feminina de existir de outro modo que no instante fugaz da palavra e, por conseqüência, a dificuldade de recuperar uma memória que não deixou rastros". Ver Michele Perrot, "Práticas da memória feminina", em *Revista Brasileira de História, A mulher e o espaço público*, vol. 9 nº.18, ANPUH/Edit. Marco Zero, agosto de 1989/novembro de 1.989, p. 13.

22. Ver Vavy Pacheco Borges, "Uma mulher e suas emoções: o diário de Eugénie Leuzinger Masset (1885-1889)", em *Cadernos Pagu: Crônicas Profanas* (19), Campinas, Editora Unicamp, 2002.

tos íntimos de uma mulher que viveu na segunda metade século XIX, o que ampliou meu campo de trabalho.[22]

Descobrir a figura romântica de Eugénie através de sua própria pena e voz pode ser fascinante (fascinou meu marido, seu bisneto e a mim, dois outros românticos). Escreve ela, entre muitas outras declarações no mesmo estilo: "Para mim não há felicidade possível que não venha do amor. Mas eu o entendo à minha maneira. Eu dou tudo, eu exijo tudo. O amor é para mim o abandono completo do ser material e imaterial. O coração que vibra em contato com a carne, a carne que se inflama sob a luz da alma". E acrescenta, como muitos dos que amam pensam: "Ah, eu sou capaz de amar como nenhuma outra mulher, talvez como ninguém mais jamais amará..."

De uma forma geral e sem idealização, o diário nos deixa a imagem de uma vida familiar feliz, marcada por um grande amor entre os esposos e pelo nascimento dos sete filhos; mas todos sofreram enorme abalo com os problemas gerados pela seqüência de doença, falência e morte de Gustave. No final do diário, Eugénie registrou: "Terminando este manuscrito, ainda úmido de minhas lágrimas, reli algumas páginas e estou espantada, admiro a coragem que tive, ao longo de algumas páginas, de deixar minha pena rir e brincar, quando meu coração estava ainda cheio de lembranças tristes. Mas essas páginas mais alegres têm uma desculpa: é que repassando em minha memória essa melhor parte de minha vida, eu me afastava do presente, para reviver, hora por hora, minuto por minuto, esses dias de prazer."

Ela aproveitou um caderno de escrituração do escritório do pai, uma encadernação simples em couro cor de vinho, que traz dentro na primeira folha uma etiqueta com o nome *Leuzinger & Filhos* (com o endereço da *loja de papel e de objetos de escritório*, na Rua do Ouvidor, 31) e com as já mencionadas datas das premiações nacio-

Botafogo.
Foto de George Leuzinger.
O Rio de Janeiro do fotógrafo Leuzinger: 1860-1870, Rio de Janeiro, Sextante, 1998, p. 107.

23. As frases do diário foram traduzidas do francês por meu marido Alain Jean Costilhes e por mim.

nais e internacionais ganhas pela firma paterna. As cem folhas são cobertas por uma caligrafia regular, precisa, bonita, homogênea e praticamente inalterada através dos anos (exceções nos trechos de seu final de vida ou em pequenos reparos posteriores apressados). Foi escrito, segundo conta Eugénie, com a caneta do marido, *de ouro com ponta de diamante.* É dedicado "à memória de meu querido esposo bem-amado Gustave Masset"; a frase vem escrita em grandes caracteres, seguida por outra: "minha força e minha coragem é você". Todo em francês, com poucos termos em português (como *saudades, bambus, abraços*), traz alguns poemas, de autoria de Eugénie ou transcritos.[23] O estilo é coloquial, muitas vezes pontuado somente por vírgulas – como que numa ânsia de pôr lembranças e emoções para fora – e revela a época, a educação e a profissão da autora. Ela, porém, achava sua *linguagem dura e medíocre* e lamentava ser "somente uma mulher, mas devotada e fiel", pois gostaria de ser "um poeta para tornar seu nome adorado (de Gustave) imortal".

Eugénie escreveu entre janeiro de 1885 e fevereiro de 1889; deixou de fazê-lo justamente quando se completaram sete anos da perda de Gustave. Escrevia sem regularidade, às vezes mensalmente, às vezes em um espaço maior de tempo; em geral aos domingos à noite, quando provavelmente tinha tempo e sossego. Suas lembranças eram despertadas pelas aflições e angústias advindas de uma mescla de saudades, solidão, melancolia... Por vezes foram as datas significativas de sua vida amorosa que suscitaram as recordações (morte de Gustave, aniversário dela ou dele, data do casamento).

Percebe-se que releu o que registrara em várias ocasiões posteriores (por exemplo, em 1907, 1908, 1914, 1918), fazendo novas reflexões em cima das páginas ou nos cantinhos onde sobrasse espaço; detalhava, no alto da página, a que ano aquelas recordações correspondiam. A última anotação foi feita em 1920, dois anos antes de sua morte, aos 75 anos. Em uma das contracapas, percebe-se a síntese que quer deixar de sua vida:

Primeiras lembranças. 1881-1887
Eclosão do amor sobre a terra. 20 anos
Submissão à vontade de meu Deus. 30 anos
Aspiração ao amor de Jesus-Deus Todo-poderoso. 68 a 73 anos.

Estas frases mostram o que podemos considerar como uma segunda parte do diário, pois a evolução dos anos fez com que Eugénie, ao reler, revisse muitos de seus escritos. Por exemplo: por cima de um dos textos que intitulou *Pensamentos que atravessam meu coração e meu espírito*, anotou, em 1920, no alto e a lápis: *Sonhos*; outros trechos foram apostrofados de: *Ilusões de amor* ou *Adeus aos sonhos*. Dentro do mesmo viés crítico, percebe-se uma censura (sua ou de terceiros?): uma ou duas folhas foram cortadas no trecho sobre sua noite de núpcias (justamente sobre o momento da consumação do casamento); mais duas páginas foram cortadas mais adiante e depois mais duas, no final do diário.

Durante toda sua vida ela foi uma católica praticante fervorosa, mas registrou sua revolta contra o Deus que decidira sobre seu destino.[24] Eugénie conta que ao receber "o último suspiro" de Gustave por dois *longos* meses sofreu "uma agonia terrível, um pesadelo fulminante, teve o desespero na alma e esqueceu tudo, Deus e suas crianças"; mas depois, arrependida, pediu perdão a Deus e aos filhos, decidindo-se que o resto de sua vida lhes pertenceria. Concluiu esse relato contando que *sentiu-se aliviada* quando confessou tudo ao padre. Mais de uma vez revela essa revolta contra a perda do marido: "Ah! Deus nos tinha retirado tudo, posição, fortuna, bem-estar, saúde, e eu sempre o abençoara, mas quando me levou meu bem-amado, meu amor, minha própria alma...". Rasura o trecho e se arrepende: "Cala a boca? Silêncio... Deus sabe o que faz, que Ele me perdoe" e acrescenta que,

24. Infelizmente, nada descobri sobre essa mudança mas suponho que, como seus irmãos, embora batizada na religião paterna, deve ter sido educada e depois ter seguido a religião materna.

25. O final do diário é confuso por que muito fragmentado, descosido, e revelando quase que só religiosidade. No final de sua vida, com uma letra realmente alterada, escreve essas linhas, quase seu epitáfio: "Infelizmente a vida é triste! E muda com o Tempo, os corações, as afeições, as alegrias e as tristezas. Sobram somente a amargura, a indiferença ou uma dor silenciosa e surda que nos leva docemente ao túmulo. Isto é a vida! E ninguém sai dela com um sorriso nos lábios! Mas se temos a paz na alma, a graça de Deus nos guiará, e esse último sorriso misterioso do coração é tão doce... Ainda registra: Meu epitáfio desejado: Viva em paz, no seio de teu Criador, ao lado de seu esposo. Você que passa, reze por eles!"

26. A psicanalista Sophie de Mijolla-Mellor analisa certa forma de diário como sendo algo que pode ajudar a viver, entendido por ela como o *diário sintoma, diário remédio*, pois expressa algo e procura curar esse sintoma. Para a psicanálise, acrescen-

apesar de suas crises, Deus "com sua mão caridosa, tratou de sua ferida (...) Deus sabe o que faz, ele me perdoa, graças..."[25]

O diário de Eugénie me parece ter sido ao mesmo tempo um sintoma de sua solidão e um remédio para tentar acalmá-la.[26] Na procura de enfrentar uma viuvez prematura, aos 34 anos – quando ainda desejava viver sua relação muito apaixonada – encontrou-se só (embora destaque o apoio dos pais), aturdida pela enorme perda e *sem* dinheiro. As primeiras linhas que escreveu dizem: "(...) começo este caderno para aqui reunir todas as lembranças esparsas que momentos de felicidade ou de angústia arrancaram de meu coração, de meu pensamento, de minha pena". Inúmeros exemplos mostram que a finalidade é uma procura de alívio para sua dor. No segundo ano do diário, escreveu: "Resta-me somente a lembrança, é esse o tesouro que me sustenta e consola". Bem mais tarde, em 1920, registrou na primeira contracapa do diário: "meu grande consolo moral foi sempre escrever minha vida, meus pensamentos e as belas orações e sentenças que amo, que admiro, que desejo imitar para a graça de meu Deus Todo-poderoso".

Creio que foi quando já conseguia trabalhar com a perda do marido que começou a escrever, em 19 de janeiro de 1885 (data do aniversário de noivado):

Dando vazão a tudo que transborda de um coração fechado três anos e quatro meses, eu procuro um alívio para meu mal moral. A alma ferida se alimenta de suas próprias lágrimas (...) É para me consolar, para poder conversar e elevar meu pensamento até meu querido ausente que eu me decidi a escrever (...) (para lembrar) nossos raros momentos de lazer (...) que são os que me permitem viver para mim mesma este presente (...) (mas) somente consigo captar uma sombra doce e melancólica.

E depois, bem mais tarde, acrescentou em baixo, em português: *amor e saudades de uma inconsolável*. No meio das lides domésticas, familiares, profissionais, o papel desse espaço consigo mesma deve ter sido importante, permitindo-lhe, por momentos que fosse, sentir novamente alguma forma de prazer em sua história de amor com Gustave (indo até ao prazer físico em sonhos, como no trecho que intitula: *Noite de delírio, escrito em 7 de março de 1886, domingo de Carnaval*). Eugénie percebia a ambigüidade desse mergulho no passado à procura de bons momentos vividos: "eu saio arrasada, minha dor os saboreia e minha razão os recusa".

Suas descrições de ambientes e situações da vida com Gustave são tão vivas que diversos trechos lembram descrições de romances ou mesmo cenas de um filme; ela reproduz o cotidiano da vida a dois e da vida familiar de forma bonita e singela. Narra de maneira delicada o início de seu amor pelo marido, as relações entre os dois, indo do primeiro olhar, sorriso ou beijo dados e trocados até os últimos. É preciso buscar cuidadosamente os dados informativos em meio a toda a enxurrada subjetiva de sentimentos e emoções que descreve: o início de seu romance, o pedido de casamento, o noivado na casa paterna da Rua da Princesa, no Catete, o casamento na Igreja do Outeiro da Glória em 11 de julho de 1868, as casas onde o casal morou. As moradias são descritas com o calor das boas lembranças: a primeira, ninho de amor dos recém-casados, na Rua do Ouvidor esquina com Rua Nova do Ouvidor, no andar em cima da loja do marido; a segunda, quando já tinham quatro filhos, na Rua Dona Mariana, no bairro de Botafogo, construída por Gustave para abrigar a prole em crescimento. Foi nessa a casa que Gabrielle passou seus primeiros sete anos, antes de ficar órfã de pai.

Entre tanta paixão a reviver, pouquíssimo espaço é ocupado pela infância, adolescência e vida de solteira de Eugénie. Ela conta que

ta ela, todo sintoma é já em si uma forma de remédio: "Sinal de um conflito (...) que ameaçaria o equilíbrio do eu, o sintoma fornece, sob a forma inversa do sofrimento, um substituto, um meio termo, uma espécie de arranjo entre o desejo e a defensiva. Se, portanto, quer-se considerar o diário como um sintoma, isso compreende que ele seja um remédio contra a desorganização psíquica. Há, assim, uma parte ligada ao sofrimento e ao seu alívio, ou, ao menos, à sua expressão". Citação em Sophie de Mijolla-Mellor, "Le journal intime: symptôme, remède... ou plaisir?" em Philippe Lejeune, *Le Journal Personnel*, Paris, Université de Paris X, 1993, p. 71-75.

Desenho de Eugénie sob o professor Vinet.

27. Segundo relato familiar de seu irmão Paul, ela e sua irmã Sabine estudaram no Colégio Hutchings; Eugénie teve aulas de desenho com o professor Vinet, como mostram desenhos num álbum de fotos e lembranças que foi seu e hoje faz parte do acervo do Instituto Moreira Salles de São Paulo. A partir de uma sugestão de Frank Khol, confirmei que o álbum fora feito por Eugénie.

28. Um quadro geral da educação feminina de elite

se sentia amada e protegida por seus pais, e que "empregava toda sua inteligência para lhes agradar". Conta que foi doce, obediente, tímida e sensível, que se exprimia pouco por palavras e mais pelo olhar. Achava-se a *companheira fiel* do pai. Afirma que sofreu muito, aos nove anos e meio, com sua entrada no colégio interno e conseqüente separação dos pais até 13 anos e meio, quando voltou ao lar familiar para freqüentar um semi-internato.[27] Conta que aos 15 anos estava feliz em viver; aos 18 se sentia ainda contente da vida, mas já mais preocupada. Confessa um grande amor pela música e pelas ciências e diz que poderia ter continuado seus estudos, mas o casamento a impediu.[28] Fornece algumas pistas sobre si mesma: "o perigo me atrai mais do que me assusta; fazia parte de meu caráter ir direto ao obstáculo e o atacar de frente". E mostra seu amadurecimento de donzela de elite, poupada na juventude, ao escrever: "A vida não se transforma de acordo com um capricho. Nela tudo é grave e sério. Eu logo compreendi isso". Redige ou copia frases sobre a persistência na vida: "para conseguir é preciso querer; em um ser que tem vontade, tudo o que é uma constatação de sua própria força moral lhe causa uma secreta sensação secreta de poder".

Obviamente conversando consigo mesma, seu ato de escrever pretendia ser uma longa e recorrente conversa com o marido falecido. Nas primeiras vinte páginas os exemplos são inúmeros, entre o quais: "Veja meu querido, meu consolo é conversar com você, você está longe, bem longe, mas no meu coração você está perto de mim, esse é seu santuário". Mas há também outro interlocutor, outra presença forte no diário, e que se avolumou com o passar dos anos: o Deus dessa católica fervorosa. Ela escreveu para o marido sobre seu amor a Deus: "Você sabe bem que eu sentia esse amor tão poderoso que eu temia que Deus ficasse com ciúmes e que mais de uma vez eu Lhe supliquei que me retirasse todos meus outros bens desta terra exceto você, meu único amor, e nossos sete filhos, nossa própria carne".

Mas na maior parte do tempo, os dois – maridos desaparecido e Deus – parecem se misturar como se fossem um único amor, pois os dois eram, segundo repete várias vezes, seu consolo e sua força. Desde o início de minha leitura me parecia que ela os sobrepunha, que por vezes as duas figuras se confundiam em uma só. Bem mais adiante descubro, surpresa, que ela mesma tinha consciência disso e o revelou para seu padre confessor na quinta feira da Semana Santa de 1886. Reflete no texto: "Por que não se ama a confissão? Ela é sublime, indispensável para um penitente". E reproduz sua fala ao padre:

francesa me foi fornecido por Isabelle Bricard, *Saintes ou Pouliches: l'éducation des jeunes filles au XIX`éme siècle*, Paris, Albin Michel, 1985 e Georges Duby et Michelle Perrot, *Histoire des femmes, vol. 4 – Le XIX ème siècle*, Paris, Plon, 1991.

29. Nos conventos católicos femininos as religiosas são consideradas as "esposas do Senhor" ou "esposas de Cristo".

Meu pai, será que é um pecado pensar em Deus quando penso em meu marido que perdi faz quatro anos e meio, será que é uma falta pensar em meu marido cada vez que rezo a Deus, quando peço sua proteção para mim, para meus filhos? Eu os confundo em meus pensamentos e minhas orações, eu me sinto atraída pelo céu desde que ele se foi, eu rezo para mim e meus filhos e entretanto rezo a Deus por ele também.

Acrescenta que o padre era não somente bom mas instruído, inteligente e inspirado por Deus; não a condenou, afirmando que foi Deus quem tudo criara dessa forma e – eu acho que preocupado em eliminar qualquer noção de culpa, além de acreditar nisso mesmo – a encorajou a rezar e sofrer com paciência para educar as crianças.[29] Eugénie se mostra bem aliviada por ter se confessado, pois terminou reiterando que esse foi um *bom dia*.

Lembra o início do romance e diz:

O amor que você me inspirou veio pouco a pouco; mas tomou de tal forma meu ser todo inteiro que eu percorri todas as fases do amor e creio que depois de 13 anos eu amava você mais do que no primeiro ano de nossa união. Se é que posso chamar de mais o que era já apaixonado, violento, ciumento, louco, doce, terno, confiante, puro, o céu, enfim!

Sua paixão é patente desde a forma com que descreve os detalhes da sua vida com o marido: *Minha felicidade durou 13 anos, 2 meses e 6 dias* pois ficou viúva em *17 de setembro de 1881, às 8 horas menos 13 minutos*. Enérgica e decidida em seus atos, revela-se romântica e idealizadora: "Minha convicção é que para que os esposos sejam felizes, antes da consumação do ato do casamento, antes que seus corpos se unam, as almas devem se confundir". Talvez não difira aí do romantismo de muitas jovens de sua época, entendendo-se o termo no senso-comum mais moderno do século XX. O temperamento apaixonado se evidencia também quando ela se confessa por mais de uma vez muito ciumenta seja dos amigos de infância de Gustave (que, segundo ela, ele defendia com eloqüência e paixão), seja da família dele, pois praticamente nem uma vez se refere à mesma.

Descreve o dia de seu casamento, sua roupa, o cortejo, a cerimônia, os cumprimentos, o jantar, os *toasts*, durante os quais se sentiu incomodada ao ser tão observada. Conta sobre sua noite de núpcias (com "as novas necessidades do casamento", que a deixaram "feliz de lhe pertencer, enfim pois ele tomara posse não só de meu corpo, mas de minha alma, todo meu ser"), sobre a manhã seguinte, a semana de lua de mel em Petrópolis, com passeios a cavalo, a visita dos pais, tudo entremeado com comentários sobre seus sentimentos, suas reserva e timidez, suas fortes emoções, como: "Os recém-casados amam a solidão e em especial eu, que sou selvagem e naturalmente ciumenta, queria cercar de mistério minha felicidade no hotel inglês Mack Donal (sic)". Registra estar persuadida de que a felicidade conjugal se resolve *nos primeiros oito dias*.

Ao voltar ao Rio para iniciar sua nova vida, pensou:

Ah, um mundo separa a donzela da jovem recém-casada e esta fica orgulhosamente intimidada com o caminho percorrido! De volta à cidade (Rio de Janeiro) fiquei presa na engrenagem dessa grande roda que chamam de vida e entrei nela com uma fé viva, uma confiança cega e uma esperança brilhante e sorridente, parecia-me que o braço sobre o qual me apoiava me levaria a um bom porto e meu pressentimento não me enganava.

Da Rua do Ouvidor se mudou somente antes do nascimento de Gabrielle, seu quinto rebento. Ao relembrar a chegada nessa primeira moradia, descreve: "Eu aí entrei como uma rainhazinha nesses domínios (...) Seu pequeno apartamento encantador, simples, alegre, de bom gosto, fez-me tremer de alegria e de amor (...) O primeiro andar era ocupado pelos escritórios de meu marido, os aposentos dos empregados, a cozinha e a sala de jantar". Lembra os olhares, sorrisos e contatos entre os dois enquanto o marido explicava a história de cada móvel e cada enfeite, provenientes da mãe e de um irmão falecido. Continua: "Eu me sentia alegre como um passarinho e leve como uma borboleta, ia e vinha nesse salão onde

Eugénie e um dos filhos.

me sentia dona e rainha". A impressão do quarto para ela é ainda melhor, "com alguma coisa mais de íntimo e mais inebriante (...) Em mim as grandes emoções sempre se traduzem sobretudo nos meus olhos, no meu olhar, nos meus lábios trêmulos".

O sexo parece ser um componente importante da paixão de Eugénie; está subjacente em várias partes, pouco explicitado ou censurado (por ela ou por quem temesse possíveis leitores). O relato da concepção de seu caçula é descrito delicadamente através da metáfora de um beijo:

Eugénie e os 7 filhos em torno da foto do marido falecido (Gabrielle sentada à direita, de branco).

> Essa criança nascida depois de uma noite de baile e de loucura e que brotou entre nossos lábios no momento em que os últimos véus da noite lutavam contra os primeiros raios do dia! Esta criança nascida do beijo o mais cheio de loucura, o mais radioso, o mais terno, o mais louco, o mais desesperado![30]

Conta que foi feliz por ter pertencido a ele *de corpo e alma*. Mais de uma vez demonstra sua felicidade por sonhar com os dois juntos se abraçando e se beijando, em agrados que lhe causavam *êxtase*; agradece a Deus por ainda poder, de alguma forma, ter esse prazer com o marido. Escreve que ele, ao voltar de viagem à Europa, lhe dissera: "Existem em você duas mulheres, uma doce mas um pouco fria e uma outra a amante sempre renovada que me faz percorrer os caminhos encantadores e novos de um coração que acredito conhecer". E ainda: "Você é a mais deliciosa das amantes".

Penso que ela deve ter vivido sem muitas tensões a dicotomia alma e corpo – antiga discussão na filosofia e na religião e que atormentou por muitos tempos católicos praticantes. Mas acho também que, quando menciona o amor entre eles como *louco* talvez seja ao sexo que esteja se referindo, por vezes em contraste com o que via como *puro* (que seriam os sentimentos românticos). Para o historiador americano Peter Gay, em muitos casos ficou documentado que "o amor era fundamental e indispensável para essas mulheres, constituindo o fundamento, a coroação e a razão de ser da sexualidade".[31] Eugénie me parece ter vivido bem o papel de esposa/amante pela sua enorme paixão por Gustave Masset. A doença dele e seus problemas financeiros já prenunciavam o fim de sua vida comum amorosa. A uma altura escreve:

---

30. O baile, Gabrielle anota depois, foi no palacete do irmão Edmond, no Largo dos Leões, onde também moravam seus pais. Esse foi o irmão que se casou em uma família muito rica, tendo saído da firma paterna e ido trabalhar com o sogro.

31. Peter Gay afirma, no capítulo "Doces comunhões burguesas", que muitas "autobiografias e diários íntimos oferecem-nos ricas e convincentes provas de que houve, no século burguês, casamentos bem sucedidos e que elevaram os prazeres sensuais compartilhados à condição de elemento indispensável". Ver Peter Gay, *A experiência burguesa: Da rainha Victória a Freud: A Educação do Sentido*, São Paulo, Cia. Das Letras, 1988, p. 109. Ele ressalta, como, o que aliás era de se esperar, que as relações sexuais são pouco documentadas.

Ah! Nesta época ele tinha muitas preocupações, seus negócios iam mal, seu moral sofria e o físico pagava seu tributo, e ainda mais, ele nos amava muito, o pobre querido, e o pensamento que não podia nos garantir o mesmo bem-estar o torturava (...) E foi a casa da rua Mariana número 11, com seus cômodos cheios de lembranças do nascimento de nossos três últimos filhos, cômodos cheios de conversas lamentáveis ou alegres, apaixonadas ou calmas e doces, foi essa casa onde cada canto, cada cômodo, cada pedra olha para nós como amigos, que nós tivemos que abandonar, e isso seria para sempre, algo que adivinhamos em nosso sofrimento cruel.

Mais tarde escreve a lápis: "Ele tinha perdido toda sua fortuna e o desespero é que o derrubou", concluindo: "Eu tinha saúde e resisti, ele não, sucumbiu".

Sua paixão se evidencia, ainda, não pelas formas de seu luto – representativas de seu grupo social e época – mas pelos sentimentos profundos que são mostrados. O primeiro aniversário da morte dele foi lembrado com a mãe e os sete filhos, de preto, reunidos em volta do túmulo. Conta Eugénie que ela não parava de chorar e não conseguia sair de lá até que os filhos dissessem: "Mamãezinha, vamos embora que já é tarde". Iam repetidas vezes ao cemitério rezar e depositar flores; uma vez chegou a disputar com os filhos quem daria o último beijo no túmulo, mas "o olhar espantado deles me fazia cair em mim mesma". Usava o tempo todo um medalhão com a imagem de Gustave que chamava de seu talismã; fazia com que "todas as manhãs e noites, as crianças abracem você em pensamento, como abraçam sua pobre mãe, eles falam de seu pai bem-amado, lembram-se de você, depositando sobre o medalhão, santa relíquia,

32. Ver Géneviève Fraisse e Michelle Perrot, "Ordres et libertés", em Georges Duby e Michelle Perrot, *Histoire...*, p. 15-16.

um beijo e um pedido de benção". Nos aniversários de morte, além da vista ao túmulo, as crianças a beijavam especialmente e enchiam de flores as fotos que tinham em cada quarto. Escreve em outra ocasião: "O silêncio que se faz em torno dele me aperta o coração. Meus filhos falam pouco dele", talvez, diz ela, com medo de *entristecê-la.* Escreve que "sentia-se angustiada" pois "eles me olham ansiosos, procurando ler em minha alma..."

O amor aos filhos, aos quais dedicou seu tempo e todos seus esforços, é uma presença muito menos significativa no diário do marido: "Eu sou ruim, eu te amo mais que a nossos filhos". Em certo momento, ao falar sobre os inúmeros filhos, deixa escapar que o casal não gostaria de ter tido tantos, mas que era importante considerá-los uma *benção de Deus.* Chama os filhos de "as sete provas de seu amor por mim, nossa própria carne"; chama-os também de seus *anjos da guarda.* Segundo ela, constituem fundamentalmente a tarefa na vida que lhe resta: em 1885 o colégio ia muito bem e ela se alegra: "se tenho muitos alunos estou contente pois é o pão de meus filhos que ganho, vejo-os contentes, posso proporcionar-lhes pequenos prazeres e posso sobretudo aumentar seus conhecimentos intelectuais, posso eu mesma formar-lhes o coração, guiá-los na virtude". Queria criar o coração e espírito dos filhos à imagem do pai. Pedia a Deus saúde, tempo e coragem para educá-los, pois tinha uma "carga dupla para com os filhos que não mais têm um pai e para com as crianças que me são confiadas". Assim, esnobava sua missão de mãe e educadora numa tarefa única, sendo um exemplo da *mãe-professora se transformando na professora-mãe,* nessa passagem de uma esfera para outra da vida social. [32]

Eram raras menções individuais aos filhos, exceção ao caçula; somente este – *mon petit Georges* ou *mon Georginho* – deixou no diário uma marca afetiva maior. É ele o filho que ela identifica mais com o marido: "aquele que até hoje parece ser um laço entre

A casa da rua Dona Mariana, construída por Gustave.

minha alma e a de seu pai bem-amado (...) Essa criança que brotando entre nossos lábios unia nossas duas almas e parecia dizer 'Não nos abandone'". No final de sua vida, ela escreveu que foi esse o filho que sempre a amou, consolou e protegeu. Imagino a inveja e ciúmes desse caçulinha que atravessavam o coração dos outros seis irmãos!

O filho maior Gustave é citado só uma vez, por ocasião de sua entrada numa escola para meninos, mas de maneira detalhada: foi no Colégio Abílio (citado no "Almanak Laemmert"), em 5 de julho de 1886, uma segunda-feira, 7:30 da manhã, com 13 anos e meio. Deve

33. No século XVIII era maior o uso do dote nas famílias de grandes patrimônios; sua eliminação gradual se deu nos casamentos de elite no final do séc. XIX. Ver Muriel Nazzari, *O Desaparecimento do Dote - mulheres, famílias e mudança social em São Paulo, Brasil, 1600-1900*, São Paulo, Cia das Letras, 2001.

ter marcado muito Eugénie separar-se de seu filho homem mais velho, ter que enviá-lo para se educar em outra escola que não a sua; o Colégio Masset era para meninas crianças e adolescentes e meninos até 10 anos. Em uma outra breve menção, diz que, em uma de suas noites melancólicas, a filha mais velha, Marie, tocava piano; novamente a menciona quando Marie foi pedida em casamento em 1887, aos 27 anos. Marie, aliás como as quatro irmãs, era professora diplomada. Mais de uma vez Eugénie se vangloriou de ter casado muito bem todas suas filhas sem dote algum; todas escolheram estrangeiros ou descendentes de estrangeiros, como sua mãe e suas tias maternas. [33]

A outra característica marcante da imagem dela que ressalta do diário é de uma mulher cujo papel social se cindiu com a doença e perda do marido. Eugénie foi forçada a ter uma atividade pública e profissional e o registro dessa experiência é bastante significativo. Muitas falas me levaram a vê-la como que dividida entre os dois tipos de mulher que foi: a tradicional, que viveu em sua vida privada por 13 anos como esposa-mãe e dona-de-casa, funções que lhe davam o maior prazer, e aquela que desenvolveu obrigada pelas circunstâncias, ao assumir uma vida pública e profissional.

Ela passa uma imagem de felicíssima em seu primeiro papel. Em suas palavras, o dia 11 julho de 1868, dia do seu casamento, "fez de uma virgem pura e cristã uma mulher santa e fiel, uma esposa e uma mãe". Uma das descrições cinematográficas do cotidiano da família (na muito comentada casa da Rua Dona Mariana, em Botafogo) é reveladora dos primeiros anos sadios da infância de Gabrielle:

> Eu ainda me vejo lá, nesse salãozinho, costurando uma roupinha enquanto meu bebê caçula, habituado ao barulho dos irmãozinhos, dorme tranqüilamente, num carrinho ao meu lado. Um

pouco mais longe, dois de seus irmãos, sentados no chão ou correndo de cá para lá, bagunçavam todos os brinquedos que retiram de um armário que era só deles, divido em seis repartições e que eles orgulhosamente chamavam de *nossa casa*. De vez em quando uma briga entre eles me fazia ter que intervir a favor de um ou de outro. No salão ao lado minha filha mais velha, com 11 anos, estudava piano, enquanto as outras duas e meu filho mais velho, de seis anos, faziam suas lições sobre a mesa da sala de jantar, diante de uma porta aberta que dava para meu salãozinho. Depois eu abandonava meu trabalho de mão, dava de mamar ao bebê, abraçava-o apaixonadamente, ele era tão lindo, tão fresco, tão rechonchudo, tão alegre; a empregada estendia no chão uma toalha, onde eu o colocava, olhando com paixão seus movimentos desajeitados mas entretanto tão graciosos; as duas irmãzinhas corriam para trazer-lhe brinquedos e riam às gargalhadas dos esforços que o irmãozinho fazia para pegar um brinquedo que escapava de seus dedinhos tão desajeitados e que no entanto dava vontade de comer de beijos. Eu abraçava os três novamente, recomendando-lhes de serem bonzinhos e obedecerem à empregada e entrava na sala de jantar onde os quatro mais velhos estavam prontinhos para a aula. Eu lhes ensinava francês, português, piano e um pouco de geografia. Terminada a aula, meus prisioneirozinhos se iam, o sol não queimava mais tanto, as minhas grandes árvores davam uma boa sombra e meus sete passarinhos cantavam e riam, compensando-se largamente com algumas horas de tranqüilidade. Eu os deixava sob os cuidados de uma empregada mas assim mesmo, pelas janelas que rodeavam minha casa, os estava sempre vigiando. Antes de subir para trocar de roupa e passar um vestido para receber meu senhor e mestre, eu dava uma volta pela cozinha e pela lavanderia e subia para meu quarto de vestir onde passava

Eugénie fotografada por Insley Pacheco.

meu vestido e descia, retomando meu trabalho de mão seja no salãozinho seja no jardim, esperando a chegada de meu marido. E quando escutávamos de longe o bonde se aproximar e parar, as crianças corriam para a grade, meu coração se alegrava e após algumas pequenas desilusões nós o víamos finalmente chegar. Seu primeiro boa-noite era um sorriso geral que nos abraçava a todos, depois as crianças se jogavam nas suas pernas, disputando o primeiro beijo, eu lhe passava o bebê por cima da cabeça dos outros seis, seu filho caçula que tinha apenas alguns meses, ele o abraçava portanto em primeiro, para grande desgosto dos outros que o forçavam a se abaixar e a os beijar um por um, depois era a minha vez, em último, eu dizia-lhe rindo que só cedia minha vez porque era para os filhos, isso o fazia rir e me rendia um beijo a mais. As crianças o desembaraçavam de seu pacote ou bengala, ele pegava em seus braços o caçula, eu me apoiava sobre seu ombro e entrávamos lentamente em nossa sala de jantar. Infelizmente aí sua cara já estava séria e em duas palavras ele me explicava uma nova preocupação, ou fazia um gesto de sofrimento.

Eugénie aparece ainda como tradicional e romântica ao escrever uma carta para a irmã Matilde que, ficando viúva, casou-se novamente: "É tão bom ser amada e protegida por um ser mais forte". Para o novo cunhado, mandou um recado:

> Diga lhe de minha parte que é muito bom ter uma mulherzinha submissa e sempre alegre, mas também é bom ter um marido louco pela mulher, que seja criança de vez em quando, embora firme e sempre afetuoso. Veja você, não há pessoa alguma no mundo, nem pai, nem mãe, nem irmão, nem irmã, nem amiga nem filho que possa substituir o amor entre dois esposos.

Afirma que uma mulher sozinha na vida se sente "um zero e gostaria de se apoiar na proteção de um homem de honra e de coração".

A falta de um amparo masculino – ainda por vezes comum mesmo em nossos dias de liberação feminina – deve ter marcado muito Gabrielle. É possível que a tenha perturbado ouvir sua mãe, provavelmente por repetidas vezes, reclamar que nascera para ser protegida, mas acabou tendo que proteger toda a família desde a doença e maus negócios do pai; algumas frases escritas por ela me lembraram estes pensamentos de sua mãe. Gabrielle lutou por ser uma mulher independente e respeitada como Eugénie. Em capítulo intitulado *Minha vida pública, minha vida de trabalho,* Eugénie mostra sua dificuldade de sair da segurança da vida privada para o risco e a exposição da vida pública:

> Assim que vi que meu nome estava exposto a todos os olhares (refere-se ao nome do Colégio Masset) em letras grandes, em uma placa suspensa acima de minha porta, enquanto que eu deveria enfrentar em minha casa a presença dos primeiros candidatos, homem ou mulher, jovem ou velho, rico ou pobre, delicado ou grosseiro, chegando a maior parte do tempo, sem nem se apresentar, para me falar de uma criança para colocar no pensionato, isso me perturbava e durante muitas semanas, muitos meses fui acometida

Eugénie e suas alunas no Colégio Masset.

por uma febre dolorosa, não por que eu tivesse vergonha de meu trabalho, mas porque eu sofria por ter que me fazer conhecer, por não viver unicamente em e para minha família. Depois que a visita ia embora, eu tomava angustiada minha cabeça entre as mãos dizendo: Meu Deus, dá-me coragem e se eu tivesse ganho um aluno, acrescentava: Obrigada meu Deus por teres abençoado meu trabalho (...) O primeiro dinheiro que colocaram em minha mão para pagar o primeiro trimestre de minha primeira aluna fez minhas lágrimas escorrerem... Depois, habituei-me pouco a pouco a assinar os recibos sem tremer, a estender a mão para receber o dinheiro leal e penosamente ganho – parece que é uma esmola que lhe fazem mas é preciso algumas vezes lutar demais para recebê-la – que diferença do dinheiro dado por uma mão amiga.

Eugénie entre suas alunas no jardim do Colégio Masset.

34. Segundo Muriel Nazzari, como em meados do século XIX o hábito de dotar as noivas diminuíra muito, "o sustento dos recém-casados passou a depender cada vez mais da contribuição do marido, quer em bens, quer por seu emprego (...) ao mesmo tempo o casamento passou a ser encarado muito menos como uma questão de bens e muito mais como um vínculo pessoal entre os indivíduos, tendo no amor seu motivo preponderante". Além disso, os romances literários passaram a difundir a idéia do casamento por amor, Idem, ibidem, p. 211-260.

Reclama dos *livros de contas* e de ter que ganhar a vida para os sete filhos: "Por eles devo estudar um sorriso amável, estar sempre vestida de maneira simples mas impecável, tornar minha moradia confortável e agradável. O mundo não gosta de ver uma dor eterna, é preciso mostrar calma e coragem, eu devo viver para o mundo para ganhar o pão de meus filhos, eu devo me fazer a escrava do mundo". O marido não gostara da idéia de ela ter que assumir a manutenção financeira da família e ela concordava com ele:

> Pobre querido, meu bem-amado, se eu fosse homem seria como ele, teria tido esse sentimento de delicadeza que o fez sofrer tanto e que talvez o tenha matado, eu também teria querido que minha mulher vivesse em mim e por mim, que ela me devesse tudo, tudo, o desabrochar de sua alma, o despertar de seu coração, o fogo de seu amor, os filhos feitos de sua carne, o bem estar de seu ser interior ganho unicamente pelo trabalho dele; se eu fosse homem, teria querido tudo tirar de minha própria força para minha mulher.

Em 1907 escreveu que ele morreu "não por motivos de orgulho em relação a outras pessoas, mas por orgulho de amor, essa impotência o matou", morreu fazendo seu "dever de homem, deu a vida para salvá-los da miséria que os perseguia".[34]

Mais uma voz ficou documentada e nos fala de Eugénie e de sua vida com os sete filhos: o *Georginho*, o caçula Georges (também encontrei Georges e Jorge), deixou um manuscrito redigido logo após a morte da mãe e que foi preservado por seus descendentes. Foi escrito explicitamente para que os filhos compreendessem sua dor e

Vista Chinesa, na Floresta da Tijuca.
Foto de George Leuzinger.
O Rio de Janeiro do fotógrafo Leuzinger: 1860-1870, Rio de Janeiro, Sextante, 1998, p. 122.

para que tomassem a avó como "exemplo de energia, de honradez, bondade e amor". São 18 curtas folhas de papel de segunda mão, aproveitadas até de uma participação de noivado recebida (hábitos de economia da época, em especial de família suíça/francesa? Minha sogra fazia o mesmo em algumas de suas últimas cartas a meu marido). Percebe-se – como eu já previra pela leitura do diário – uma fortíssima ligação entre mãe e filho. Assim começa esse relato sobre os "últimos acontecimentos, recordações e lembranças dos meses que antecederam a morte de minha extremosa Mãezinha em 27 de outubro 1922, às 12 horas, 47 minutos (...) Viveu exatamente 75 anos, 7 meses e 4 dias, no total de 27.611 dias". Bem no estilo da viúva sua mãe, afirma estar escrevendo quando faz 106 horas de sua morte.

A imagem materna surge de forma idealizada e apaixonada, não lhe sendo poupados elogios (como tantas vezes acontece nas famílias). Pare ele, a mãe o abandonou ao morrer, sensação que muitos dos que tiveram perdas importantes podem conhecer. Fala da "saudade sem fim, saudade eterna que só me deixará quando for minha vez de ir te fazer companhia, debaixo dos sete palmos de terra!; nem mesmo posso articular essas palavras, não me saem da garganta". Segundo ele,

> nunca foi pesada a ninguém, nunca pediu nada a ninguém (...) só pedia e queria afeição, carinho, atenções, coisa de que se queixava e com razão, da parcimônia com que era satisfeita. (...) Viveu os últimos anos de vida em sua casinha, preocupando-se sempre com remover os dissabores e dificuldades que por acaso encontrassem os filhos e netos. Dava sempre bons conselhos, era o refúgio consolador dos tristes e infelizes da família.

Casa construída por Eugénie em 1900.

Podemos supor que, para Eugénie, seu caçula substituiu as figuras masculinas mais importantes de sua vida: o pai dela – de quem ela se acreditava a companheira e de quem ele tinha o prenome – e o marido – de cujo amor o caçula foi a *última prova*, como se lê no diário. No meio dessa visão de uma família matriarcal idealizada, um mexerico familiar que ouvi tem em parte sua explicação. Mercedes, mulher de Georges, pelo menos durante uma fase de sua vida – provavelmente bastante enciumada – não se sentava à mesa com a sogra tão idolatrada pelo marido. Depois, arrependida, Mercedes aconselhou à filha que nunca fizesse a mesma coisa com sua própria sogra.

Georges nos faz penetrar no cotidiano da vida familiar no Colégio Masset:

35. Ao querer garantir uma imagem de perfeita e heroína para a mãe na memória familiar, Georges nos fornece dados concretos sobre a vida dela: ficou viúva *paupérrima*, tendo o marido morrido depois de uma "crise aguda de negócio, tendo deixado apenas uma casa à Rua D. Mariana 73 (antigo 19), hipotecada no Banco Rural e Hipotecário por 17 contos, tendo a avaliação da época sido inferior a esta dívida. Minha boa e saudosa mãe, enérgica, decidida e principalmente com a força que lhe dava o Amor que tinha pelos 7 orfãozinhos, tendo a mais velha 12 anos e eu o mais moço apenas 2 anos, abriu um colégio à Rua do Catête 208 (antigo, hoje 300). Por este Colégio, que teve fama e reputação, passaram as filhas das melhores famílias, e os meninos até a idade de 10 anos."

(A mãe) trabalhava dia e noite, das 7 da manhã às 10, 11, 12 e 1 hora da manhã! Dormia n'um grande salão rodeada dos 7 filhos, este salão tinha uma divisão a meia altura, de um lado, o maior, com 3 janelas era o nosso dormitório, do outro o seu escritório com uma só janela. Ali tivemos sarampo, coqueluche, catapora etc. Tratava-nos a todos não dispensando suas ocupações habituais. Os recursos não davam para enfermeiras, durante o dia as Criadas, que aliás eram poucas, se ocupavam dos doentes e Ela vinha nos ver de tempos em tempos, quando tinha uma pequena folga. À noite era Ela a enfermeira. Cumpria ao mesmo tempo o dever de boa Mãe, que o foi das melhores, e o dever de bom pai de família que soube galhardamente substituir (...).

Mais adiante recapitula as dificuldades financeiras que atravessaram: "Vivemos uma infância de muita economia e com vinténs contados, um por um, pois eram ganhos com muita dificuldade e muito trabalho por uma pessoa só (...) Lutou, removeu os maiores empecilhos". Esses dados nos confirmam o sucesso dos esforços de Eugénie em proporcionar uma infância saudável para os filhos, e mantendo-os todos juntos (diversamente do que por vezes então se fazia) e procurando dar-lhes o melhor cuidado possível e uma educação de qualidade.[35]

Conta ainda que Eugénie

pagou a hipoteca da Rua D. Mariana 73 – os 17 contos e mais os juros – até o ultimo vintém, a custa de seu trabalho; mais tarde herdou do pai e da mãe 31 contos. Devido a sua economia, ordem, método e bom senso, apesar de ter dado todas as jóias, objetos de valor, prataria etc. aos filhos durante toda sua vida, deixou ainda uma herança avaliada em 150 contos. (...) Para si nada gastava. Para os outros sempre encontrava recursos para dar presentes, esmolas.

Ele escreve como se falasse com a mãe, ou melhor, como se rezasse para ela, de forma semelhante à que a mãe escrevera depois do pai morto: "Vele por teus filhos e netos, que tanto amaste na Terra e tão pouco compreenderam este amor! Perdoai-lhes as ingratidões, indiferenças, injustiças, egoísmos. (... que) de antemão já perdoavas!". Conta que sua mãe consolava-se a si mesma e às suas tristezas recorrendo à Religião, "perdoava a todos, e quando magoada tratava de esquecer, rezando com fervor, e ainda procurava atenuantes para quem a magoasse dizendo em francês frases como: 'Coitado, ele (ou

Léon, irmão de Gustave, no Rio de Janeiro.

ela) é doente!', 'A coitada é infeliz', 'seu temperamento (é) indiferente' ou 'Ela é nervosa'".

Penso que Gabrielle talvez fosse uma dessas pessoas *nervosas* que a mãe procurava desculpar. Na descrição dos últimos meses de vida de Eugénie, Georges conta que, em uma noite que a mãe não estava bem, ele soube que Gabrielle iria despedir-se dela, devido à viagem de um mês para São Paulo:

> Quando cheguei lá (em casa), sabendo disso corri avisar a criada de mamãe para logo que Gabrielle chegasse avisá-la do Estado (sic) doentio de mamãe e tomar muito cuidado nas suas conversas e histórias, para não apoquentá-la de forma alguma. Assim foi feito, conversei com mamãe que estava jantando e já estava nervosa com a viagem brusca de Gabrielle.

Conta ainda que, no dia seguinte, *discutimos a respeito de Gabrielle e do retrato que ela tinha deixado na véspera em minha casa, que* (eu) *não tinha onde botá-lo, há* (sic) *não ser debaixo da escada.* A mãe – em geral são elas, nas famílias numerosas, as figuras conciliadoras – disse que ele poderia trazer o quadro não desejado para a sua casa e que ela o penduraria em seu próprio salão.

O pai de Gabrielle, Gustave Léon, nasceu em Annecy, na Alta Savóia (França, perto da Suíça); o que dele se sabe é através de cartas familiares e uma árvore genealógica. Nas décadas de 1830 a 1870 muitas missivas foram trocadas entre Masset's dos dois lados do Atlântico e tanto no Brasil meu marido, seu bisneto, quanto uma sua prima distante em Paris guardaram parte dessa correspondência. Outro vestígio Masset: pendurado na parede de nossa casa, um prato de louça de uso diário, branco com frisos azuis, traz no dorso, bem envelhecida, uma etiqueta manuscrita pelo irmão de Gabrielle, avô de meu marido, que atesta as origens de seu pai. A peça fazia parte do serviço de louça de Madame de Villodon (ou Villaudon, 1780-1857), uma inglesa que se casara na França e cuja filha Louise Antoinette Elisabeth Legoubin de Villodon, chamada familiarmente de Betsy, veio a ser a mãe de Gustave Léon. O pai de Gustave foi Jacques Étienne (nascido em Thônes durante a Revolução Francesa, em 1793), chamado familiarmente de Victor.

36. Na rue Vivienne parisiense hoje, no nº 40, encontra-se o Hotel Vivienne, de três estrelas.

Há várias cartas de um E. Masset na França (a meu ver, Jacques Étienne) para seus irmãos (dois ou três?) no Rio de Janeiro. Pode-se supor que ele era o financiador ou sócio dos negócios no Brasil desses primeiros Masset que acabaram voltando ao Velho Mundo. Pela convergência de datas e outros indícios, penso que E. Masset foi um famoso editor, sócio de Eugéne Théodore Troupenas (1799-1850); na morte deste, houve sua substituição na casa de edição *Le Menestrel* na *40, rue Vivienne* em Paris (a rua parisiense de comércio comparada então à carioca Rua do Ouvidor) pelo genro de Masset, Jules Colombier.[36] A casa publicava sobretudo partituras musicais de compositores e músicos hoje famosos como, entre outros, Franz Lizt e Frédéric Chopin, Giacomo Rossini e Pauline Viardot e Hector Berlioz; mas também obras de literatos reputados, como Alexandre Dumas (pai e filho), Alphonse de Lamartine e especialmente do famoso criador do *romance-feuilleton* Eugène Sue (bastante conhecido no Brasil e do qual meu pai era grande admirador). Victor Masset administrou os negócios de Eugène Sue até quase sua morte. Segundo fontes, Masset era de *caráter afável e alegre, cordial;* em 1852, logo depois do golpe de Napoleão II, que Sue abominava, este se retirou para Annecy, junto aos Masset; a Alta Savóia então

37. Em suas cartas, Betsy Masset põe como endereço *Les Barattes*. Nos anos 1970 Alain e eu visitamos Annecy le Vieux, e lá Alain me disse, muito brevemente, que parte de seus parentes vinham de lá. Assim, não procuramos por Les Barattes, nome hoje de um bairro da velha cidade cheio de hotéis e *bed-and-breakfast*.

38. Por exemplo, ele era, como aliás muitos brasileiros, um leitor apaixonado da *Revue des Deux Mondes*. Eugénie se queixa dessa dedicação em seu diário. Esta revista, criada em março de 1830, chegou a nossos dias. Seu subtítulo dizia: "Journal de Voyages, de l'administration, des moeurs, et. Chez les différents peuples du obe, ou archives géographiques et historiques du XIXème siècle". De 1830 ao final da década de 1880, *idade de ouro da revista*, a revista dedicou uma atenção especial ao Brasil. Ver Luiz Dantas, *A presença e a imagem do Brasil na Revue des Deux Mondes no sécu-*

não fazia parte da França e era um Estado Sardo, e lá Sue gozaria de liberdade política. Sue freqüentou a intimidade dos Masset em sua residência *Les Barattes*, onde inicialmente passou três meses; depois, "jantava lá três vezes por semana".[37]

O casal Victor e Betsy teve sete filhos: um partiu para a Austrália (sem, ao que se saiba, voltasse a dar notícias) e os outros três vieram tentar a sorte no Brasil. Há uma correspondência enviada do Rio por Gustave para uma sua sobrinha e afilhada muito querida, Marie Colombier (filha de sua irmã mais velha Olympe, casada com o sócio do pai Jules Colombier (ao que parece, Olympe teve decidida atuação na firma). Nas cartas, Gustave revela já sua tendência de pai-educador; entre outros conselhos, conta que bem jovem, antes dos 20 anos, eles e seus irmãos deixaram a casa paterna para ir a Paris (parece que ele teria 14 anos). E explica: "Eis a diferença entre os rapazes e as moças. Os rapazes (que não nascem ricos e é a maioria) têm que sair para trabalhar e as jovens trabalham em família, elas se tornam úteis ajudando no trabalho doméstico e tornam a vida de seus pais mais agradável". Os irmãos Charles, Léon, Paul e ele, depois de uma estada em Paris, vieram para o Rio antes de 1860, data da primeira carta à afilhada. Três anos depois desta data Charles voltou, casado e com filhos (que, ressaltou Gustave, "não falam francês"); Léon morreu solteiro, sozinho, longe do Rio, aos 21 anos, *doente e miserável (…) muito orgulhoso para mais uma vez pedir auxílio* (aos irmãos). Paul, tendo vivido durante o início da vida com Gustave e Eugénie, também acabou por morrer no Brasil.

Gustave, o único que permaneceu no Brasil, logo me pareceu um bom exemplo de francês *d'outre-mer*, dividido entre os dois mundos.[38] A correspondência dele com a família de origem era intensa; Gustave se recorda constantemente de seus afetos familiares e dos passeios em Paris e na Savóia e revela constantes desejos de visitar a França, embora confesse seu medo de não ter coragem de retornar novamente sozinho ao Brasil. Lamentava-se: "Vai demorar para que você me veja novamente em Paris, minha querida afilhada, muito tempo vai se passar provavelmente; nem tudo é cor-de-rosa na vida, e a prova disso é que eu, que amo apaixonadamente minha família, me encontro por assim dizer totalmente só a três mil léguas, afastado de vocês todos". Toda essa solidão era em 23 de fevereiro de 1865, mas três anos e meio depois, em julho de 1868, ele casou-se com Eugénie (que, em seu diário, como já lembrado, mostrava-se ciumenta desses sentimentos tão fortes dos quais se sentia excluída). E quase *casaram-se e foram felizes para sempre* (como terminavam todas as historinhas de minha infância), mas a dura realidade da sobrevivência financeira e da doença final acabaram com o *para sempre*. Viveu cercado de amor como conta em suas cartas à mãe até 1881, quando se deu sua morte. Aos 40 e poucos anos Gustave faleceu, ao que parece vitimado por uma afecção hepática.[39] Desde suas cartas de solteiro Gustave reclamava de sua saúde, de problemas digestivos e ao se comparar em carta a um irmão gordinho, constata como ele Gustave estava *verde*, o que pode nos sugerir problemas de fígado.

Os irmãos tinham vindo ao Rio de Janeiro provavelmente para assumir o bem sucedido negócio comercial dos Masset anteriores (provavelmente tios), que tinham andado pela cidade mas retornado à França. O Rio de Janeiro – a Corte – era o entreposto que abastecia o resto do país. Aquela era uma época em que o comércio francês no Brasil, depois da chegada de D. João VI em 1808, lutava para superar o comércio inglês, este com grande predomínio a partir de 1808 devido à abertura dos portos *às nações amigas,* no caso a Inglaterra. Apesar do maior número de ingleses domiciliados, a cultura francesa – idéias, forma de comer, vestir-se, comportar-se etc. – imperava sem concorrência. A in-

lo XIX, em Solange Parvaux e Jean Revel Mouroz (coord.), *Images Réciproques du Brésil et de la France/Imagens Recíprocas do Brasil e da França,* Paris, IHEAL,1991.

39. Essa referência se encontra no laudo de interdição de Gabrielle.

Loja e primeira residência dos recém-casados, rua Direita esquina da rua do Ouvidor.
O Rio de Janeiro do fotógrafo Leuzinger: 1860-1870, Rio de Janeiro, Sextante, 1998, p. 55.

dústria francesa prosperara muito a partir dos incentivos dados por Napoleão Bonaparte e Édouard Gallès, em 1828, escreveu um livro para explicar aos franceses quais seriam os produtos mais bem aceitos no Brasil, destacando que caso fossem bonitos, de boa qualidade e *escolhidos ao gosto do país*, seria possível vender objetos de luxo a qualquer preço (na atual dita globalização escuta-se o mesmo tipo de comentário e não só para a capital do país!). A *paupérrima* indústria nacional explicava essa farta importação para "artigos que vestiam e alimentavam o brasileiro e lhe guarneciam a morada".

Estatísticas de diversos anos (1849-1850, por exemplo) nos mostram o grande significado da importação de manufaturas e tecidos de algodão, de seda e os mistos; mas também são listados nas tabelas de produtos comercializados xales, lenços e chapéus, vinho e manteiga, quinquilharias e armarinhos, papéis, jóias e relógios, comestíveis, couros preparados, ferragens, ferramentas e louças, livros e instrumentos de música, papéis (inclusive de forração de residências). Foi nesse campo que vieram tentar a sorte no Novo Mundo os Masset, e a primeira geração, bem sucedida, fez ótimos negócios antes da volta para o Velho Mundo; a segunda geração não deu muito certo. Antes de 1870 a balança comercial era desfavorável ao Brasil; nesse ano, o saldo do Brasil com a França foi pela primeira vez favorável, provavelmente devido à Guerra Franco-Prussiana; datam desse momento algumas das queixas de Gustave de dificuldades em seu negócio.[40]

Segundo o relato do famoso viajante francês Charles Expilly, os franceses seriam uns 20 mil dispersos pela cidade, mas concentrados sobretudo no perímetro formado pela Rua do Ouvidor, São José, dos Latoeiros, da Assembléia, do Cano e da Ajuda. Os Leuzinger e os Masset moraram e comerciavam na famosa Rua do Ouvidor. Expilly descreve: "construções regularmente alinhadas, lojas suntuosas, esplêndidas vitrines, mulheres elegantes e trabalhadoras 'coquettes', eis o que oferece essa longa e dupla fileira de casas que, partindo da Rua Direita, chega ao Largo de São Francisco, e o que a torna um objeto de inveja para as ruas vizinhas".[41]

Joaquim Manuel de Macedo conta que na década de 1820 as modistas francesas foram todas para a Rua do Ouvidor e que *à sombra das francesas* vieram logo franceses abrir, na mesma rua, lojas de fazendas e de objetos de moda para homens e mulheres,

40. No mesmo momento, mais uma dificuldade foi uma nova tarifa alfandegária, criada em 1869, que sobretaxava os produtos de luxo, matérias primas e gêneros de primeira necessidade.

41. Charles Expilly, *Le Brésil tel qu'il est*, Paris, Charlieu et Huillery Libraires-Éditeurs, 1864.

42. Ver Joaquim Manuel de Macedo, *Memórias da Rua do Ouvidor*, Coleção Brasiliana, Rio de Janeiro, Cia. Editora Nacional, 1952.

lojas de charutos, cigarros, cachimbos, perfumarias, cabeleireiros etc.[42] Assim a rua, segundo ele, "era o reinado da Moda de Paris". Ao empreender o que chama de uma viagem ao longo da rua, Macedo menciona a loja do *Masset, o antigo*, instalado desde 1824 no local da famosa loja de *um certo Wallerstein*, comerciante que deixara o Rio, apelidado de *o Napoleão da moda e da elegância*, o *Carlos Magno da Rua do Ouvidor*. Afirma Macedo:

> A casa mudou de nome e chamou-se Masset. A loja estreou-se com a herança do brilho e da fama do Wallerstein; mas aos poucos teve competidores de importância, e não pôde man-

Gustave e Eugénie com irmãs e cunhados em Carlsruhe, onde moravam Sabine e Franz Keller.

ter por muito tempo a primazia inabalável que gozara a do antecessor. Ainda assim, a loja Masset (a antiga), aliás sempre considerável, me daria assuntos curiosos para encher algumas páginas destas Memórias; mas houve Masset – o antigo e há Masset moderno; a antiguidade do primeiro é jovem, como o dia de ontem, e a modernice do segundo é como menina, que hoje ainda faz travessuras, e portanto contemporâneas ambas, não devo nem quero ofender a modéstia da jovem, nem me entender com a menina traquinas.

E, apesar de anunciar os *assuntos curiosos,* nada nos esclarece sobre esses. Eu suponho que o *jovem* era Gustave. Em livro sobre o comércio alemão no Rio de Janeiro da época, conta-se que se negociava, nos inícios da década de 1850, além de produtos alemães, excelentes máquinas de costura americanas; encontrei uma menção da existência dessas *obras-primas* na *Loja Masset* de modas, situada na Rua do Ouvidor.[43]

Se, portanto, administrações anteriores foram bem sucedidas, a de Gustave não teve o mesmo resultado. Pela breve descrição da loja/residência no diário de Eugénie, quase com certeza essa se situava na esquina da rua do Ouvidor com a Rua Nova do Ouvidor; uma foto proveniente de um álbum que registra o imóvel, no qual se vê o anúncio da loja: *Roupas Feitas* e na outra lemos somente *Vêtements.* Quase com certeza podemos pensar que era uma loja de roupas importadas, e quem sabe, também de tecidos e costuras, pela referência das máquinas Singer.

Entre as cartas, três revelam as relações entre Gustave e sua mãe Betsy já viúva.[44] Foram redigidas em um papel bem fino, como mandavam os códigos de bom-tom da época, por que "escrever

43. *Deutsche und Deutsher Handel in Rio de Janeiro – ein hundertjähriges Kulturbild Zur Zentenar Feier der Gesellschaft Germania:* 1821-1921. Localizei um exemplar na Biblioteca do Instituto Hans Staden em São Paulo.

44. São todas em francês; a primeira data de 6/11/1870, a segunda de 21/11/ 1871 e a terceira de 13/11/1874.

45. J. J. Roquette, *Código do Bom-Tom,* organizado por Lilia M. Schwarcz, São Paulo, Cia. das Letras, 1997, p. 270. A primeira edição é de 1845. O autor recomenda um guia para as cartas em francês: "Le style épistolaire".

em papel-grosso, em meia-folha, é só para os criados de escada a baixo, e para o vulgo"; são manuscritas dos dois lados (como ainda se fazia em minha infância).[45] A escrita é forte e escura, frente e verso se embaralham, dificultando a leitura. Embora muito cioso de suas lembranças e objetos familiares, meu marido nunca enfrentara a difícil tarefa de descobrir o que contavam essas páginas; pressionado por minhas pesquisas, com o auxílio de uma possante lente, gastou horas em um meio decifrar/adivinhar a caligrafia homogênea e muito inclinada.

Cartas entre mãe e filho, tratam de assuntos privados, de suas vidas familiares e de suas opiniões. Gustave mostra-se afetuoso com a mãe, preocupado com sua saúde, sempre ansioso por notícias e aconselhando-a em relação ao seu cotidiano. A primeira carta anuncia o nascimento de "uma outra menininha, bonitinha embora menos que Marie (a primogênita) : ela se chamará Eugénie Antoinette Masset"; outra carta anuncia mais uma menininha (mas o nome não é mencionado, talvez porque ainda não tivessem tido tempo de o escolher e as missivas tinham que sempre aproveitar as saídas dos navios).

O bem sucedido romance dos dois, narrado no diário de Eugénie, é confirmado pelas cartas. Embora o dinheiro não estivesse sobrando na vida dele, ele afirma de forma conclusiva: "Ela é encantadora, minha mulherzinha e nós nos entendemos perfeitamente bem; bem fiz eu de não correr atrás de outras por causa do dote, talvez não encontrasse a felicidade que agora experimento". Conta que vivem somente para os filhos *maravilhosos,* fala sobre seu amor por eles, seu cotidiano agradável, dizendo que a recepção do final do dia é a maior recompensa de suas fadigas – desde então, quando ainda tinham somente três filhas, já se queixava de cansaço! Mas deixa claro que espera não ter o mesmo número de filhos que a mãe e a sogra. Uma carta fala da questão surgida entre o casal, antes da primeira viagem à Europa: se levariam ou não a primogênita Marie. Há notícia também de uma viagem com duas das filhas, o que mostra que, bem acompanhado, Gustave não tinha mais receio de voltar ao Brasil.

Seu medo de abandonar seus negócios por seis meses por motivo de viagem ao Velho Mundo e a necessidade dos financiamentos maternos que vinham de Annecy evidenciam suas dificuldades financeiras. Comentários sobre seu temor do esforço físico uma viagem de seis meses lhe exigiria revelam a fragilidade de sua saúde; ao voltar ao Rio, relata febres que o acometeram. Reclama dos 20 anos de Brasil e em especial dos últimos cinco. Talvez o incomodassem, além da saúde, as despesas com a família numerosa e os muitos meses na casa dos sogros (que "não os querem deixar partir por receio do vazio"). Mas explica claramente à mãe que os negócios iam mal; refere-se mais de uma vez aos juros anuais de pagamento do empréstimo materno, embora afirme que colocara de lado o dinheiro para pagá-la.

Reclama que a *Guerra Européia* (a Franco-Prussiana em 1870, entre Alemanha e França) está atrapalhando seus negócios. Apesar da freqüência das notícias que chegam pelos vapores que tocam no Rio, essas não lhe parecem "suficientes e o espírito fica numa inquietação constante de um dia para outro (...) nossos medos (...) a cegueira egoísta da França inteira, o país está arruinado pelo menos pelos próximos 50 anos e Deus sabe o que resultará disso; quando teremos bom senso e sobretudo um pouco de moralidade? O que será que diriam hoje esses administradores loucos por Napoleão (Napoleão III) que achavam que tudo estava muito bem só porque ele abrira um novo 'boulevard' em Paris. Enfim, está feito, não tem volta, espero que a lição seja aproveitada e que nos tornemos mais razoáveis e sábios, pobre França mas sobretudo coitados dos miseráveis franceses."

Preocupado com seu país, comenta:

> O que você me conta dos franceses não é elogioso para eles. Como uma nação de 40 milhões de habitantes será dominada e arrasada por um exército de 500 a 100.000 mil homens; e eu tinha bem razão há quatro anos atrás em dizer a Édouard, falando do seu Napoleão, que era uma vergonha ser francês (...) Eu que tive a oportunidade de viver num país estrangeiro e ver como a educação desses jovens franceses não serve para nada, antiquada, pobre, eu me prometi que se eu tiver um filho, ele não será jamais educado na França.

Seus irritados comentários sobre a guerra e os franceses mostram um desgosto com a França, com seus governantes, sentimento que pode ter influenciado Gustave em sua decisão de vir tentar a vida no Brasil.

Demonstrava também uma atitude muito comum entre os franceses da época: a raiva contra os alemães que os invadiram e os venceram na guerra de 1870. Ao nascer sua terceira filha mulher escreveu:

> Eu bem que quis ter um menino por que sempre pensei que, quando estivesse maior, eu o mandaria se educar na Suíça e sobretudo como um inimigo dos alemães; meu sonho era que um dia eu lhe ensinaria que seu dever de homem e de cidadão é de lutar contra os alemães e matar alguns deles, fazendo-os pagarem todos os desgostos que nos causou o ano de 1870.

Mas, quanto a mais filhos, afirma que "é melhor deixar Eugénie descansar um pouco".

Porém esse desejo por um intervalo entre os nascimentos da prole não se realizou e logo depois, em 1873, nasceu Gustave Eugène – o filho varão tão desejado e cujo nome reunia as figuras do pai e da mãe. E não somente Gustave Léon não viu seu desejo para o filho ser realizado como ainda sua quinta filha, Gabrielle, acabou se casando com dois alemães!

Gamboa e Cajú.
Foto de George Leuzinger.
O Rio de Janeiro do fotógrafo Leuzinger: 186 1870, Rio de Janeiro, Sextante, 1998, p. 44.

46. Anulação dos Testamentos de D.Gabriela Brune-Sieler, apelação cível nº 8599, relator: Exmo. Sr. Ministro Lafayette de Andrada, Revisor: Exmo. Sr. Ministro Orosimbo Nonato, Rio de Janeiro, Imprensa Nacional, 1946.

Gabrielle Louise

Em um primeiro momento da pesquisa, me irritei muito ao ver que a documentação que meu marido possuía sobre a descendência do patriarca e Eleonore trazia, anotada à mão, toda a prole dos quatro filhos homens, mas nada se encontrava sobre a prole das filhas (talvez por não trazerem o sobrenome Leuzinger). Mas foi Paul, o guardião da história do clã, quem me salvou, pois seu álbum fornece a ordem de nascimento dos filhos de Eugénie e Gustave: as três primeiras são Marie (Nenê), Eugénie Antoinette (Bibiche) e Mathilde (Bebé); depois nasceu o filho varão, Gustave Eugène; depois nasceu Gabrielle Louise, seguida de mais uma menina, Lucile, e finalmente o caçula queridinho da mamãe, o *Georginho*. Logo descobri que a "tia Gabriela" era a versão brasileira do prenome daquela que foi em vida, na família e oficialmente, chamada de Gabrielle, nome da uma tia materna já mencionada, falecida aos 16 anos. Gabrielle foi um nome muito usado pelos du Authier desde o século XVI. O processo é publicado, porém, com o título de *Anulação dos Testamentos de D. Gabriela* (sic) *Brune-Sieler*.[46] Encontrei um bilhete manuscrito dela ao irmão Georges, nos

Gabrielle Leuzinger (de quem Gabrielle Lousie herdou seu nome), falecida aos 16 anos.

anos 1920, assinado Gabi (apelido comum do nome) e ainda uma menção a ela como Bebelle.

A infância e adolescência de Gabrielle foram vividas num Rio de Janeiro ainda Corte, entre o que podemos chamar de elites ou burguesia internacional e internacionalizada (embora o provincianismo brasileiro seja forte em alguns aspectos até os dias de hoje). Pelo segundo laudo médico na época de sua interdição, sabe-se que gozou de boa saúde, a não ser as indefectíveis doenças infantis (das quais, antes de todas essas vacinas atuais, quase toda minha geração também padeceu) como sarampo e coqueluche. O laudo também informa que, "regrada sem qualquer anomalia, dos 11 aos 53 anos", teve um aborto de cada casamento e mais tarde, quando se instalou a menopausa, não teve "quaisquer distúrbios".

Gabrielle e irmão Gustave em setembro de 1878.

Irmãs Mathilde Anna e Eugénie Antoinette, em 1887.

A mãe é, geralmente, o modelo introjetado pela filha, com seus valores e sua forma de ser, e serve de padrão para imitações e/ou recusas. As fontes que encontramos deixaram a imagem da mulher que foi a mãe de Gabrielle: romântica e apaixonada, de uma enorme força de vida, ativa, persistente, religiosa, culta. É possível se supor ou intuir algo do que passou pelo coração e mente de Gabrielle em relação a essa figura materna: forçada pelas circunstâncias a entrar na vida pública, Eugénie foi uma mulher ousada cujo arrojo e força de vontade, de forma diversa porém também muito forte, Gabrielle viria depois a demonstrar.

Tendo sido educada na religião católica pela mãe extremamente praticante, várias de suas falas na vida adulta confirmam sua religiosidade. No final de sua vida, por exemplo, lê-se em seus testamentos: "Sou católica, apostólica, Romana, só Deus poderá

Santinho de Primeira
Comunhão de Gabrielle.

Primeira Comunhão do
Colégio Masset: Gabrielle é a
segunda em pé à esquerda.

me julgar, Deus somente sabe quanto eu sofri. Peço perdão a Ele e a todos que fiz sofrer involuntariamente... mas faleço insistindo pela justiça que ele receba piedosamente a minha alma". Afirma não querer se suicidar pois "a Deus pertence a vida". Freqüentava as igrejas dos bairros onde morou e, prova maior de sua religiosidade, pretendeu legar seus bens para as mesmas paróquias.

Médicos no processo falam de sua paranóia como "aquela moléstia (que) vinha da meninice, agravada pela educação"; mas nada do que encontrei sobre suas origens ou infância encaminha uma visão de uma infância ou educação de uma natureza tão negativa. No processo de anulação dos testamentos muitas vezes é apontado seu *doentio* e desmedido orgulho familiar, seu narcisismo e mania de grandeza derivado de sua fortuna, de suas origens ou de uma citada beleza - meio lendária na família, apesar de sua corpulência (mais aceita naquela época do que nestas últimas décadas de bulimia e anorexia; em minha infância, ouvia-se muito o dito popular "gordura sinal de formosura"). Também no processo são elogiadas sua inteligência, cultura e educação; em família falava-se francês e Gabrielle escrevia na mesma língua, dominando também o alemão. Atestados mostram-na como habilitada a ensinar francês e inglês, ainda em solteira. Bastante mais tarde em sua vida,ao falar da vida de Gabrielle, o irmão Georges afirmou: "De uma família respeitabilíssima e conhecida como honradíssima, a única ´agitação´ que tinha tido na vida era freqüentar a sociedade em festas familiares da época, tocar piano, cantar e se instruir. Foi educada à antiga, com todo carinho e recato com os outros sete (sic) irmãos". A presença no primeiro testamento de 1914 de seis amigas entre os legatários nos permite supor uma vida social e afetiva ativa fora de sua família; encontrei datada dos anos 1935 a menção de uma sua carta a uma amiga, de onde se poderia concluir que algum laço desse tipo tenha se mantido.

Das cinco malas de seus papéis mencionados no processo pouco nos restou. Algumas de suas cartas, muitas das anotações sobre sua vida, dossiês e relatos sobre negócios, rascunhos de cartas e alguns telegramas fazem parte do acervo Leuzinger Masset formado por Jacobina Lacombe e sogro Georges. Alguns anos depois,

Gabrielle organizou uns resumos de seus problemas em relação a Brune e a Sieler.

No processo percebe-se sua própria voz de forma indireta e a maioria de suas falas estão intermediadas por terceiros, todos figuras masculinas: advogados, psiquiatras, jornalistas. Ainda por cima, os trechos de suas cartas lá publicados e em especial os escritos em português (como os testamentos) são prolixos e por vezes confusos, arrevesados: ou estão mal redigidos (sua fluência em três línguas talvez atrapalhasse sua redação? Não me pareceu por outras cartas) ou foram mal traduzidos. Por exemplo, os tempos de verbo nem sempre estão corretamente empregados, as traduções do francês são feitas muito ao pé da letra.

Gabrielle Brune-Sieler:
ou "tia Gabriela e seus dois maridos"

Parte II

A esposa

"Passei o meu tempo dedicando-me ao Senhor Brune e não tive prazer com o sr. Sieler. Fui pedida em casamento no Rio por todos os diplomatas estrangeiros"
Gabrielle à Polícia de Paris, em 1924

"Seu primeiro marido, Sr. Brune, (...) era muito mais velho do que ela, e por assim dizer, impotente e creio que ele não dava muita satisfação a ela sob o ponto de vista matrimonial (...) O Sr. Sieler, seu segundo marido, ao contrário, era mais moço que ela, e, no entanto, ela lhe tornou a vida muito infeliz; finalmente não queria ter relações íntimas com ele, e seu único cuidado foi o dinheiro. Quer casar-se com um político estrangeiro a fim de tê-lo como protetor em suas reivindicações (se crê admirada por todos os homens)"
o irmão Gustave à Policia de Paris, em 1924

Madame Brune no Rio de Janeiro

O primeiro casamento de Gabrielle foi em 20 de abril de 1895 e o mencionado retratinho que possuímos, onde se vê a jovem roliça em seu primeiro ano de casamento, me parece explicar em parte por que o alemão Georg Eduard Brune – outro habitante do Velho Mundo que optou pelo Novo – sentiu-se atraído por ela, como eu e outros que viram o retrato. Casaram-se no consulado alemão (*por prudência*, registrou ela) e depois no civil e religioso brasileiros.

A falta de dote de que Eugénie se orgulhava não foi empecilho do casamento do rico alemão com a jovem pobre de origens européias. Nada se sabe sobre como o casal se conheceu; deve ter sido nos bailes e festas de embaixadas que então agitavam o grupo social em que o clã Leuzinger circulava (Gabrielle perdeu o avô já mocinha, aos 15/16 anos). Ela e Brune tinham entre si a mesma diferença de idade que o casal Eugénie e Gustave Léon. Para Georges, Brune era alemão prussiano, "ariano puro, belo homem, distinto, finíssimo de maneiras, um gentleman perfeito".

Um delicioso jornalzinho, intitulado *Rua do Ouvidor* (mais uma vez a presença dessa rua!) nos dá uma imagem dessa vida

George Brune.

social do casal. Através da pena de um cronista social, é assinalada a presença de uma "Madame Brune" no casamento de seu irmão Gustave. O neto mais velho desse foi quem preservou o exemplar, evidentemente por trazer a descrição da festa de casamento do avô. O jornal de 10 de setembro de 1898 registra a união (concretizada quatro dias antes) de Mabel Hime, de família de origem inglesa da elite internacional do Rio de Janeiro, e

Caxambu: na 1ª charrete vê-se Gabrielle (de branco), ao seu lado a mãe Eugénie e em frente G. Brune, de chapéu.

Gustave Eugène Masset. São oito páginas amarelecidas e rasgadinhas, com uma parte intitulada "Salões e...", que traz a descrição de recepções, concertos e *matinées* musicais beneficentes, descendo ao detalhe de cada número executado e da listagem dos presentes. Há duas colunas da descrição do casamento, ao qual o colunista compareceu "atendendo ao gentilíssimo convite que nos endereçaram Mr. e Mrs. Edwin Hime".

A cerimônia religiosa foi na Igreja São José da Lagoa, "ricamente enfeitada e brilhantemente iluminada". Quando acabou, os noivos foram à "residência de Mme. Leuzinger, viúva do pranteado Georges Leuzinger, avô do noivo", assim como depois foram ver a avó materna da noiva, *Mme. Harper*.[47]

A festa na casa do pai da noiva, à Rua da Matriz, nº 40, é descrita nos detalhes: a decoração, as danças, "muito animadas até as 4 horas da madrugada, desenvolvidas com todo o rigor das pragmáticas, sendo as grandes valsas intermitentes", e também a ceia, "delicada e opulenta, fornecida pela Casa Colombo, à meia-noite no piso superior". Segundo o cronista lá estava "unido, satisfeito e sorridente o escol do 'high-life' no mais agradável dos 'rendez-vous' que a sociedade elegante se dá de quando em vez".

A crônica destaca as mulheres presentes e descreve em francês as respectivas "32 toilettes que pudemos tomar nota". É nessa listagem que é possível entrever Gabrielle – e eu a imagino já não mais com os trajes simples da foto de 1896, mas ricamente enfeitada *en satin blanc broché garni de dentelles points d´Angleterre*. Provavelmente divertiu-se nessa opulenta festa da *Belle époque* carioca, sentindo-se feliz, jovem, vigorosa, bonita e protegida, nada podendo prever – como nenhum de nós quando jovens – daquilo que a vida depois lhe traria. Lá estava também "a mãe do noivo, Mme. Gustave Masset, *en soie noire garni de tulle pailleté rouge*". O cronista enumera "48 cavalheiros presentes", dentre os quais *G. Brune*.

O rico capitalista alemão Eduard Georg ou Georg Eduard Brune (encontrei com duas grafias, Brune com H e a maior parte do tempo sem H) era ligado a uma casa inglesa tradicional *Oscar Phillipi & Cia Limitada – Rio-Manchester*, onde provavelmente fizera pelo menos parte de sua enorme fortuna no comércio de tecidos. A proteção de Brune sobre Gabrielle era enorme, re-

47. Esse tipo de visita era ainda um hábito comum até os tempos de minha juventude – anos 1950-1960 – quando havia também o costume de as noivas que tinham estudado em colégios de freiras católicas irem depositar seu *bouquet* de flores no altar da capela do colégio.

48. O *Brasilianische Bank für Deutschland* (ou B.Bank) foi fundado em 1887 em Berlim ou Hamburgo – achei duas informações diversas – e suas filiais brasileiras datam Rio de Janeiro-1888, São Paulo-1893 e Santos-1895. Em São Paulo, o banco financiava o comércio geral internacional, o café e as estradas de ferro.

sultante da importância, do prestígio e de sua fortuna; mas essa proteção se estendia a cunhados, sobrinhos e sobrinhas (há registro de uma casa dada a uma delas), que começavam uma vida profissional e foram por ele ajudados seja trabalhando na casa *Oscar Philippi,* como Georges, que conta ter ganho muito dinheiro para Brune vendendo tecidos pelo Brasil a fora, Gustave, que foi durante anos corretor de Brune, que o teria ajudado em uma falência, tendo sido por Brune colocado no *Brasilianische Bank für Deutschland* (ou Banco Brasileiro para a Alemanha), ao qual Brune era ligado.[48] Esse banco teve enorme papel na vida de Gabrielle pois seus dois maridos e ainda dois de seus sobrinhos lá trabalharam; o queridinho Paulo Guimarães Masset (filho de Georges) e Hugo Friedrich Schieck (ao qual ela, em seu segundo testamento de 1924, legara bens "na condição de que ele deixasse o banco)". Os graves problemas de dinheiro de Gabrielle passavam pelo *Brasilianische Bank für Deutschland.*

Na presidência Campos Salles deu-se uma renegociação da dívida externa brasileira, com um *funding-loan* ou moratória conseguida pelo seu ministro das Finanças, Joaquim Murtinho. Por essa moratória, em 1898, o *Banco Rotschild* de Londres exigiu que o pagamento dos juros, desde o início, fosse assegurado em dinheiro-papel por alguns bancos do Rio de Janeiro; entre os bancos estrangeiros que emprestaram ao Brasil estava o *B.Bank.* É provável que, enquanto casada com Brune, Gabrielle tenha tido acesso a comentários e informações importantes, feitos tanto por seu marido como por aqueles que freqüentavam o casal, importantes figuras do mundo das finanças e da diplomacia. Gabrielle afirmou recorrentemente – e isso, segundo o processo, eram *provas* evidentes de sua loucura – conhecer "segredos incríveis da política mundial e brasileira", saber de "crimes de banqueiros alemães e políticos

O irmão Gustave Masset em 1898.

O irmão George Masset em 1899.

brasileiros" que ela não deveria reproduzir para "o universo não perder a paz". Dizia que "na política da guerra e do armistício(...) continuará o desassossego (sic) no Universo" e ela desejava ser um "traço de união", ter uma "missão de união internacional".

O noticiário da imprensa, à época de minha pesquisa, impôs-me uma breve comparação: em 1917, em Fátima, interior de Portugal, num mundo europeu muito abalado com a *Grande Guerra*, três crianças de seis a treze anos, pastores, contaram terem tido uma visão em que Maria, mãe de Jesus Cristo, lhes teria revelado

49. Eram três, dois irmãos e a prima, Lúcia de Jesus. Comparei o que informavam dois jornais sobre o assunto, em maio de 2.000. Para um deles, *O Estado de S.Paulo* de 14 de maio de 2000, os segredos previam: o fim da então chamada Grande Guerra, a Segunda Guerra Mundial e conversão da Rússia ao regime comunista. Para o outro jornal, *o Jornal do Brasil* de 12 de maio de 2000, a primeira das profecias dizia respeito à morte prematura dos irmãos Jacinta e Francisco. A segunda revelação dizia respeito ao fim da Grande Guerra, ao início da Segunda Guerra Mundial, à conversão da Rússia ao comunismo e ao fim deste. Lúcia redigiu as profecias, entre 1941 e 1944, numa linguagem cifrada e cheia de metáforas. Na minha geração foram batizadas algumas Lúcia de Fátima.

50. Quando eu refletia sobre essa auto-definição de Gabrielle como *esposa*, minha enteada, falando sobre sua sogra, me contava o fato

três segredos que abalariam o mundo; no mundo católico de então não se levantou a hipótese de loucura dessas crianças; muito pelo contrário, elas acabaram sendo beatificadas pela Santa Sé, em maio de 2.000.[49]

Vivendo com Brune por cerca de 15 anos, Gabrielle definia-se como "esposa", na visão que se poderia esperar da época;[50] e esposa que levava vida de luxo, como mostram suas posses e casas.[51] Existem notícias de viagens do casal à Europa que duravam meses, como era hábito na época, contando-se algumas semanas nas travessias de *vapor* ou navio. Mais uma vez graças ao tio Paul, fica-se sabendo que em 1906 ela voltou de uma dessas viagens com seu pé "luxado por queda". Outro costume das elites eram as estadias em *estações de água* ou termas; há uma foto onde vemos sentados em uma charrete Brune, Gabrielle e a mãe passando férias na mineira Caxambu; Gabrielle era uma senhora corpulenta e de muita pose.

Depois de uns 20 anos de Brasil, Brune morreu de síncope cardíaca em 4 de setembro de 1912, após longa doença durante a qual sua mulher parece ter-lhe sido muito devotada (até seus oponentes no processo de anulação dos testamentos reconheceram-lhe essa qualidade). Ao encomendar o túmulo do marido, Gabrielle, talvez se lembrando desses últimos anos de doença, escolheu para enfeitá-lo uma estátua de uma moça de cabelos longos, uma espécie de anjo e que vemos até hoje velar sobre o mesmo.

Após sua morte, Gabrielle dá a impressão de, num primeiro momento, sentir-se ameaçada ou perdida. Talvez por isso, já durante a doença de Brune, segundo seu irmão Gustave, ela teria lhe perguntado, durante visita feita por ele ao cunhado moribundo: "Meu marido não encarregou você de arranjar outro marido para mim?". No processo de anulação esse detalhe é mostrado como

Estação da Estrada de Ferro D. Pedro II.
Foto de George Leuzinger.
O Rio de Janeiro do fotógrafo Leuzinger: 1860-1870, Rio de Janeiro, Sextante, 1998, p. 36.

de que esta, ficando viúva pela segunda vez, estar se sentindo totalmente perdida na vida e concluía: "Lógico: para ela, sua profissão sempre foi ser esposa."

51. Para uma visão sobre mulheres brasileiras desse período: Marina Maluf e M Lúcia Mott, "Recônditos do mundo, feminino", em Nicolau Sevcenko (org.), *História da Vida Privada no Brasil*, vol. 3, São Paulo, Cia. das Letras, 1998; Susan K. Besse, *Modernizando a desigualdade: Reestruturação da Ideologia de Gênero no Brasil 1914-1940*, São Paulo, Edusp, 1999.

fazendo "parte de uma cadeia de fatos, de circunstâncias que demonstram no conjunto e na sucessão que se trata de doença mental da testadora" e não de mera pilhéria ou extravagância.

A viuvez foi certamente uma ruptura na vida de Gabrielle, uma de suas encruzilhadas de vida e é apontada a maioria das vezes no processo como o momento inicial de seus distúrbios nervosos. No processo são destacados trechos de cartas em que ela se mostrava exaltada e contraditória: suas desavenças familiares – que por Gabrielle eram sentidas como mostras de *desamparo* ou, pelo contrário, de *intromissão* familiares – são vistas como sinais de desequilíbrio. Em carta à mãe, datada do próprio dia da morte de Brune, ela despeja toda sua amargura, pois se sentiu traída pela família, abandonada e enganada pela cobiça dos sobrinhos durante a longa doença do marido, sempre tão aberto a auxiliar todos os Leuzinger Masset.

Ela recusou, porém, o convite da mãe para ir morar novamente na casa materna. Gabrielle registrou queixas de Eugénie como alguém muito dominadora, o que não me parece difícil de supor da parte de uma mulher tão forte, sobretudo ao ver uma filha fragilizada e em situações difíceis. Uma oferta de apoio poderia ser sentida por ela como uma tentativa de controle; esta ou conclusão semelhante se baseiam na forte personalidade de Eugénie, em choque com outra personalidade forte, a da filha. Gabrielle acabou ficando um tempo hospedada em casa de sua mãe, mas reclamou que a mãe saía de casa o tempo todo e que lá ela ficava mal acomodada No quarto de vestir da cunhada Mercedes, mulher de Georges. Reclamou em cartas das *intrigas familiares* que "fazem correr o boato que tenho mal (sic) gênio ou que estou louca".

Gabrielle, com sentimentos contraditórios como qualquer ser humano, indignava-se ou pela intromissão na vida dela ou porque

Fotos da Embaixada Americana no Rio de Janeiro, década de 1910.

52. Esse cálculo aproximativo foi feito por Alain em 2001. Primeiramente ele baseou-se na Tabela do INSEE da França, instituição que mede o custo de vida e que atribui uma desvalorização anual da moeda, desde 1912 até 1991, em 3,12%. Extrapolado o cálculo para até o ano em questão, os quatro milhões de francos transformam-se em 60 milhões de francos, ou seja, no valor 8,5 a 10 milhões de dólares, segundo a flutuação do euro em relação ao dólar. Alain era numismata e a partir disso procurou imaginar um segundo valor aproximativo: em 1912 a moeda de 20 francos de ouro – conhecida como *Louis d'or* ou *Napoléon*, circulava pelo seu valor oficial. Os quatro milhões de francos representariam 200.000 dessas moedas, cujo peso de ouro fino (6,45 gramas ao título de 0,90), a preço de 17 reais o grama, representariam aproximadamente 20 milhões de reais ou seja, no dólar de 2001, cerca de 10 milhões de dólares.

53. No acervo Leuzinger e Masset há uma enorme lista de bens de Georg Brune no

seus familiares "não levavam a sério seu luto". Contudo, a meu ver as brigas registradas em cartas entre ela e a mãe, ela e a irmã Bibiche ou outras irmãs, sobrinhas e irmãos são tão violentas quanto muitos outros embates familiares, em que se dizem coisas que posteriormente alguns – ou todos – se arrependem.

Na visão de muitos no processo, parece ter sido desde esse momento que começou "este doloroso drama que foi a vida de Gabrielle Brune-Sieler". Sentindo medo em visita ao túmulo do marido no Cemitério São João Batista, Gabrielle passou a carregar em sua bolsa de mão um revólver, o que se tornou um hábito até o final de seus dias. Oitenta anos depois eu estive nesse cemitério em busca do túmulo dos Brune-Sieler, que fica numa região isolada, mais para um extremo do cemitério e bastante longe da administração, eu também me amedrontei, ficando feliz de não estar sozinha. O revólver, segundo ela contou, foi-lhe então presenteado pelo sobrinho Paulo. Rumores familiares repetem o que sua mulher ou o filho do mesmo Paulo teriam comentado: Gabrielle teria nutrido por esse sobrinho "uma paixão incestuosa".

Segundo Gustave e seu primo Charles informaram à Polícia em Paris em 1924, Brune legara à sua viúva entre 3 e 4 milhões de francos; isso seria algo como, hoje em dia, aproximadamente 10 milhões de dólares.[52] O inventário de Brune, encontrado nos acervos Leuzinger e Masset, mostra um enorme número de aplicações internacionais. É para nós impossível constatar o exato valor da fortuna por ele legada; Brune possuía bens de raiz no Brasil, grande quantia de dinheiro no B.Bank, nos Estados Unidos, na Argentina, sendo o forte de sua fortuna internacional as aplicações financeiras.[53] Aparentemente o casal viveu dos juros dessas aplicações. Brune era ainda sócio na Alemanha de seus irmãos Carl Heinrich Brune e Augustin, e lhes emprestara uma grande soma que cobrava freqüentemente, segundo Gabrielle esperando poupá-la de herdar esse problema.

O cotidiano de Gabrielle foi ficando cada dia mais difícil, devido às brigas em família e em torno da herança. Provavelmente para ela o dinheiro que lhe trouxera, nos tempos de Brune, uma segurança tranqüila, ao passar a ser de sua única e exclusiva responsabilidade tornou-se uma preocupação constante. Viúva, iniciou sua longa carreira de tentativas de preservação e recuperação de uma fortuna da qual não queria abrir mão de nem um centavo. Escrevia sempre dizendo desejar *seus direitos*, a *justiça* que merecia. Por conta disso, entre as outras disputas menores, acabou sendo designada no processo como *louca querelante*.

Suas brigas mais importantes começaram por que o testamento de Brune não foi reconhecido por seus parentes alemães. Os irmãos se consideravam herdeiros de Brune; logo depois da morte deste, faleceu sua mãe e os irmãos procuraram eliminar Gabrielle da sucessão. Ainda por cima, negaram-se pagar a divida com Brune e o negócio em que eram sócios faliu: à falência seguiu-se o suicídio de Augustin. O B.Bank apoiou os pontos de vista e reivindicações de membros da família de Brune na Alemanha e Gustave, que então estava no B.Bank, ficou do lado deles contra Gabrielle.

Baseada no que considerava seu direito de herdeira universal – grandes advogados brasileiros, como Rodrigo Octávio e o Pires Brandão, padrinho de Gabrielle, acreditavam ser juridicamente legítima essa pretensão; ela se esforçou, durante um quarto de século, por reaver a parte internacional de sua presumida herança. Envolveu-se com inúmeros advogados para todos esses litígios – e outros menores, normais em negócios que herdara e administrava. Desde 1912 escreve para a mãe que todos que

exterior: 42 tipos de ações, obrigações e letras em marcos, libras, francos e coroas. Há também uma listagem de seus bens no Brasil.

se colocavam como intermediários perguntavam sempre quanto levariam na intermediação. As questões litigiosas dessa natureza não são simples nem rápidas, o que dava margem a mais desentendimentos e discussões. Suas cartas de negócios então eram coerentes e bem escritas.

No processo de anulação dos testamentos há um único parecer do Ministro da Corte Suprema aposentado, Carlos Maximiliano, dado em janeiro de 1944, afirmando que ela jamais poderia ter vencido em suas pretensões de herdeira universal, pois Brune era alemão e na Alemanha o regime matrimonial era de separação de bens. A nacionalidade de Brune – e sobretudo as conseqüências disso – era um problema complicado e mal resolvido; fiz uma consulta a um escritório especialista em direito internacional e as respostas complexas não me clarearam a questão. A pretensão de Gabrielle na Alemanha a herdeira universal se baseava numa alegada naturalização do marido. No Brasil, logo após a Proclamação da República, o Governo brasileiro fizera passar uma lei que foi chamada de Grande Naturalização: por essa lei, Brune, nascido na Alemanha, se tornaria, para o Governo brasileiro, necessariamente um brasileiro naturalizado; caso não o quisesse ser, teria que fazer uma declaração expressa de não aceitação da naturalização, o que parece que ele não fez. Essa lei irritou muitos governos estrangeiros, entre os quais a Alemanha. Em seu segundo testamento, Gabrielle se refere aos seus dois maridos, nascidos respectivamente em Hallen e em Zeitz, na Alemanha, como brasileiros. A pretensão de herdar baseava-se também no fato de que Gabrielle e Brune eram casados com regime de comunhão de bens. Na Alemanha, o casamento na época era com separação e a herança de Gabrielle dependeria do grau dos outros parentescos que Brune tivesse ao falecer. O B.Bank e o Discount Gesellschaft não reconheceram o direito de Gabrielle de herdeira universal dos bens do marido e essa disputa se prolongou por décadas. Há notícia de que em 1924 os Brune retiram todas as quantias internacionais no Discount Gesellschaft e no B.Bank.

Por inúmeras vezes nos vários anos, Gabrielle mostra sua irritação com os diversos *estado de guerra* (inclusive os de 1922 e de 1937 no Brasil) que atravessou e que tanto emperravam suas reivindicações. Cartas posteriores à sua morte mostram que alguma questão ficou em suspenso, pois seus herdeiros registraram tentativas de reaver dinheiro na Alemanha; o caso deve ter se arrastado, entre impasses jurídicos internacionais e guerras mundiais. Por exemplo, em 1914 teve início a então chamada Grande Guerra e algumas das aplicações internacionais de Brune – morto há dois anos, mas considerado como alemão pelos dirigentes dos países aliados – foram arrestados. Por essa confusão, Gabrielle deixou de receber polpudos dividendos de aplicações internacionais, parte importante de sua fortuna; mas nada era claramente informado a Gabrielle.

54. Anteriormente, as mulheres conservavam por vezes o sobrenome do clã de nascimento, para conservar uma origem da qual se orgulhavam. Provavelmente Gabrielle não queria tirar a importância de seu primeiro marido de sua vida. Tenho uma amiga historiadora que é o mesmo caso que Gabrielle: viúva, ao se casar novamente manteve o nome do primeiro marido, ajuntando-lhe o do segundo, porém, sem o hífen: quando lhe pedi que me explicasse suas razões, me respondeu que era por que tinha amado demais o primeiro marido, do qual teve dois filhos, e portanto queria conservar o nome dele, com o consentimento do segundo marido.

55. Ver Laura Rodrigo Octávio, *Elos de uma Corrente, Rio de Janeiro, Civilização Brasileira, 1994.*

56. Foi com Edna Leuzinger Heinzelmann que encontrei uma das versões do enorme caderno onde seu pai Paul registrara detalhadamente os fatos que

Madame Brune-Sieler em São Paulo

A viuvez não durou muito: em 24 de maio de 1913, dez meses e oito dias depois da morte de Brune, quase aos 40 anos, Gabrielle casou-se de novo. Mais uma vez escolheu um outro alemão que trocara o Velho pelo Novo Mundo. Este – Friedrich Wilhem Sieler, ao qual ela se referia sempre como Willy – era bem mais jovem que ela. Era uma espécie de contador do B.Bank e a auxiliara por ocasião de seu inventário. Desta vez foi feito um pacto anti-nupcial e ela se uniu a Sieler em regime de separação de bens; casaram-se também *por prudência* no consulado alemão, além dos civil e religioso brasileiros. Como prova de amor e gratidão a Brune, passou a usar, durante toda sua vida, os sobrenomes dos dois maridos por ordem de casamento, unidos ou não por um hífen. [54] Isso deve ter sido considerado muito chocante, pois é comentado em um livro de memórias da época[55]; a mesma estranheza foi mostrada nos dias de hoje pela única sobrevivente da geração de Gabrielle em vida durante minhas pesquisas, uma sua prima-irmã Edna (filha de Paul, irmão de Eugénie), cerca de mais de 30 anos mais jovem do que Gabrielle. Embora lúcida, para meu grande desapontamento praticamente nada se recordava sobre Gabrielle – a não ser a história do duplo sobrenome.[56]

Embarcar rapidamente em um segundo casamento não é um fato raro entre viúvos ou viúvas. No caso de Gabrielle, as motivações humanas sendo tão complicadas, imagino diversas razões que deveriam se cruzar e se associar para essa decisão: fragilidade ou *desproteção*, como ela dizia, de uma mulher sozinha; a falta da função social de esposa; o desejo de escapar das asas da família Masset; o desejo de querer um homem jovem a seu lado (depois daquele velho marido doente e que não mais a desejava enquanto mulher; segundo o irmão Gustave, Sieler era *um belo animal*); o desejo de ter herdeiros para a fortuna de Brune (como leva a crer o primeiro testamento no qual, oito anos depois da morte de Sieler, menciona filhos e netos que acreditava ainda poder ter); o desejo de um aliado dentro do próprio banco... e poderíamos fazer ainda outras hipóteses.

Infelizmente para ela – então provavelmente ansiosa e apressada – sua escolha não foi acertada, para se dizer o mínimo. Sieler, de família sem posses, chegara ao Rio jovem e trabalhava no B.Bank. A família Masset não desejava que ela se casasse tão rapidamente e menos ainda com Sieler; ele era bastante mais moço que Gabrielle, de uma situação social e financeira muito simples e cheio de dívidas. Foi visto pelos familiares como um caça-fortunas. Georges guardou o bilhetinho em que a irmã lhe avisara que iria participar à mãe seu futuro casamento com Sieler; ele declarou mais tarde que esse consórcio foi "a grande desgraça da vida da irmã". Em dossiê enviado em 1923 ao Embaixador inglês no Rio, Sir John Tilley (no qual Gabrielle pedia a intervenção do governo britânico para recuperar seu dinheiro), ela relata que o B.Bank também não ficou contente com a união dos dois, pois Gabrielle achava que *eles* (os responsáveis do banco que considerava seus inimigos) "sabiam que nunca arrastariam-na nos maus complets' deste Banco (como sucedeu com outras mulheres)".

tinham vivido as famílias de todos seus irmãos. Mas para meu desapontamento Edna nada esclareceu de minhas dúvidas sobre Gabrielle. Em seu apartamento na Rua das Laranjeiras encontrei, pendurados na parede, pratinhos de louça pintados com o brasão dos Leuzinger. Ela faleceu em abril de 2007.

Gabrielle, a mocinha destemida do retratinho, se transformava em uma mulher que não gostava de se deixar domar. O dinheiro confere independência e poder e pode-se supor que Gabrielle, ao ter essa experiência, foi cada vez mais querendo ser dona de seu próprio destino. Trocou o primeiro marido, bem mais velho, certa figura de pai e que lhe deixou o dinheiro protetor, por um rapaz bem mais jovem, uma figura de filho (ou secretário/contador). Começou por tentar promovê-lo dentro do banco fornecendo-lhe dinheiro para a caução e Sieler acabou por tornar-se subgerente ou diretor (em anúncios do banco que encontrei na biblioteca do Instituto Hans Staden são mencionadas as duas funções). Se Sieler, em razão da promoção social de seu casamento, começou a ser perseguido no B.Bank, foi algo que não pude comprovar. Gabrielle menciona más companhias que o envolviam em maus negócios. Coberto de dívidas desde o casamen-

Friedrich Wilhem Sieler, dito Willy.

Chá da meia-noite, 1914, Botafogo, Rio de Janeiro.

Manuel, Anna e Regina, 1914, Botafogo, Rio de Janeiro.

to, começaram os empréstimos dela ao marido: para aplacar seus credores e eles poderem partir sossegados para a Europa, para pagar a festa do casamento no clube Germânia. Ainda para promovê-lo, confiou-lhe uma parte de sua fortuna para administrar em sua recente gestão. Há menção no processo dos totais emprestados, quantias grandes, como 180 contos de réis, mais 200 contos, chegando a ser mencionado um total de 555 contos.

No processo é mencionada sua irritabilidade em relação a Sieler desde a noite de núpcias. Se Brune, velho e doente, não a satisfizera sexualmente nos últimos anos de vida, parece que depois foi ela que não quis saber de relações sexuais com Sieler, como depois, em 1924, seu irmão Gustave maldosamente informou à Polícia francesa (embora tenha sido registrado um aborto). Mas ficam claras suas decepções de naturezas diversas.

O casal partiu para a Europa, voltando somente no ano seguinte. Essa viagem representou o início do desastre que foi a breve relação entre os dois e que acabou dramaticamente. Estiveram em Londres, provavelmente tentando se enfronhar sobre as rendas dos bens europeus, mas nada se sabe sobre a estadia inglesa, existindo apenas uma menção de uma visita do casal a uma tia de Gabrielle. Na Alemanha ela conheceu sua nova família por afinidade e, segundo um dos psiquiatras que a examinou depois, ela teria sofrido um "choque pela condição de modéstia de sua família"; há registro que depois do consórcio com Gabrielle, os Sieler mudaram para uma casa melhor. Foi uma viagem muito mal sucedida para Gabrielle também pelo rompimento definitivo com a família de Brune e pelo fato de ela ter sido ameaçada de prisão por não querer pagar uma multa alemã que achava indevida.

Da Europa, Sieler escreveu cartas ao concunhado Schieck, casado com Lucille, irmã de Gabrielle, reclamando da forma como era tratado pela mulher. Hugo Schieck era um outro alemão, o que provavelmente – além do trabalho na mesma instituição – deveria facilitar a aproximação dos dois. Sieler contou que as desavenças com a mulher começaram na própria festa do casamento: Gabrielle teria feito cenas de escândalo por ele beijar a mão de Madame John, esposa de Emil John, figura renomada no B.Bank, visto por Gabrielle como seu maior opositor e contra o qual ela se bateu inutilmente durante anos.[57] À raiva talvez tenha se acrescentado algum ciúme de um marido jovem e aproveitador. Segundo Sieler, durante a viagem os *desatinos* foram tais que, em Berlim, ele levou a mulher a um psiquiatra famoso, o Professor Michaëllis, que concluiu – em uma única consulta – que ela possuía "um alto grau de neurastenia".

Gabrielle parece ter voltado ao Brasil com uma idéia definida: anular seu casamento, para o que prometeu "sacrificar o seu último ceitil". Chegando ao país em 1914, fez um testamento que pode ser visto como contra o marido, por seu tom e suas disposições (ver anexo). Ela lhe legou somente uma jóia – um coração de ouro – que dizia ser a imagem do *coração* que ele "exigia dela". O testamento foi feito sob a orientação de Pires Brandão, o advogado seu padrinho, e fazia vários legados substantivos para a família, mas também para hospitais e para os testamenteiros.

Trazia, porém, disposições que se tornaram o pomo de discórdia e foram consideradas como a prova cabal de sua loucura: "o sobejo desta minha fortuna particular deixo para formar uma nova associação que ponha abaixo a lei que uma mulher independente tenha que suportar maus tratos de seu esposo". Para não deixar dúvidas sobre por que excluíra o marido enquanto herdeiro, explicitou: "este, fazendo sua fortuna à sua custa, durante dois anos, por (ela) não ter testemunhas e querer evitar escândalo". Esse primeiro testamento foi interpretado como contemplando a família; mas como os advo-

57. Vi referências a essa pessoa no relatório da Germânia Gesellschaft já mencionado.

gados pareceristas queriam mostrá-la como inapta a testar desde o primeiro testamento, a referência à associação foi apresentada como uma prova conclusiva de insanidade; apenas um dos pareceristas não se chocou com a idéia, achando-a correta, pois a idéia da associação indicaria que ela "conservava ainda intacta a sua ética".

De início, interpretei essa idéia como uma revolta de Gabrielle contra a legislação de 1890, que conferia ao marido, "sem qualquer dissimulação, a chefia da sociedade conjugal, bem como a responsabilidade pública da família, além de caber a ele a completa manutenção dos seus, e a administração e uso-fruto de todos os bens, inclusive dos que tivessem sido trazidos pela esposa no contrato de casamento". [58] Mais tarde percebi que era algo mais específico: o divórcio no Brasil data de 1977 e naquele momento havia uma lei vigente que não permitia a separação legal (ou desquite) do casal antes do período de dois anos de casados. A tarefa de desquitar-se era árdua e havia grandes preconceitos em relação a uma mulher desquitada. Gabrielle, porém, desejava separar-se legalmente antes desse período e assim essa lei era um impedimento definitivo à sua vontade. Mas ela teve que conformar-se; em um dos inúmeros dossiês, encontra-se a frase: "a suplicante então fez o possível para estabelecer a harmonia da vida conjugal, o que lhe custou muitos aborrecimentos e esforços." Levada pelas circunstâncias (o constrangimento legal e social) e por sua natureza, passou a oscilar: por momentos, procurava dar apoio ao marido que analisava como tão perturbado com complicações e perseguições, além de muito deprimido com a guerra européia e, por outro lado, mostrava uma não aceitação de sua falta de caráter.

Já no ano de 1914 começou o envio de cartas, relatórios, dossiês para conseguir solução para as questões internacionais, pois Gabrielle sabia que, se solução houvesse, essa seria institucional e diplomática. Primeiramente ao Ministro das Relações Exteriores,

58. Ver Marina Maluf e M. Lucia Mott, op.cit., pg.375.

Vila de aluguel da autoria de
Victor Dubugras, Av. Paulista, 44c, São Paulo,
onde moravam Gabrielle e Willy Sieler.
Álbum Iconográfico da Avenida Paulista,
São Paulo, Editora Ex Libris, 1987, p. 35.

Sede do Brasilianische Bank
für Deutschland,
Rua 15 de Novembro II,
em São Paulo.
Lembranças de São Paulo, São Paulo,
Studio Flash, 1999, p. 70.

Lauro Muller; depois ao Ministro da Legação do Brasil em Haia; mais infindáveis os dossiês a embaixadores, prefeitos, presidentes, ministros; encontrei alguns redigidos em português, outros em francês e alemão. Na Alemanha, chegou a apelar diretamente ao Kaiser. Além de esperar o apoio de pessoas públicas influentes, contratava no Brasil e nos países estrangeiros advogados de renome para que se ocupassem de seus interesses.

Depois de uma longa hesitação do B.Bank, o casal mudou-se para São Paulo. Provavelmente Gabrielle gostou de sair do Rio de Janeiro, talvez em função do já citado controle familiar (quase que inevitável em uma família grande e próxima), talvez também em função de uma promoção para Sieler (ou mesmo de uma melhora para a saúde dele, como consta na imprensa). Ela afirmou diversas vezes o quanto gostava de São Paulo, cidade que naquele momento (apesar da rivalidade que atravessou décadas) parecia atrair muitos cariocas. Por exemplo, João do Rio, o famoso cronista carioca, declarava mais de uma vez em suas crônicas na imprensa as razões de sua atração pela *Cafelândia*. Em 1908 afirmava:

> Amo São Paulo porque é a cidade exemplo no Brasil porque fez antes, no Brasil, tudo quanto se devia fazer pela higiene, pela cultura, pelo progresso, pela civilização, amo São Paulo porque tem uma gente orgulhosa, consciente de seu valor, trabalhando, vencendo e impondo-se. (...) Esta cidade é uma das raras no Brasil em que todos trabalham, procuram prosperar, fazendo prosperar o país e onde não se fala em política em cada canto. (...) passando por São Paulo tem-se a impressão de uma cidade européia, individual, característica, com alma própria e capaz de nos ensinar ainda uma porção de coisas boas, desde a distribui-

ção de jornais até a arte de saber viver (...) São Paulo é fino, é aristocrático, é intelectual (...) A gente do comércio e dos bancos italianos, *yankees*, alemães, ingleses, espanhóis dão o elemento internacional das grandes cidades modernas (...) Dizem os amigos que eu tenho a doença de São Paulo. Não sou eu só. Toda gente que vê e observa tem a mesma doçura doente dessa São Paulo que não veio pedir licença ao Rio para fazer a higiene (...).[59]

Creio que foi essa São Paulo que a internacionalizada Gabrielle buscava e ela parece ter adquirido, ao morar pela primeira vez na cidade, a mesma *doçura doente,* pois passou o resto de sua vida entre Rio e São Paulo. Depois de um período no Grand Hotel de La Rotisserie Sportsman, na Rua São Bento, um dos principais hotéis da cidade na época, decidiram-se por morar na suntuosa Avenida Paulista, novo símbolo do esplendor das elites paulistanas, então no meio de sua segunda década de vida, mas muito requisitada.

Alugaram uma casa estilo *art nouveau,* nº. 44B, num conjunto de três projetadas para aluguel pelo arquiteto belga Victor Dubugras; hoje derrubado pelos arranha-céus que cobrem a Paulista, situava-se em esquina com a Rua Augusta, do lado esquerdo de quem olhe de frente o atual Conjunto Nacional.

A sede do B.Bank ficava na Rua Quinze de Novembro, então uma seleta, vestuta e elegante rua bancária e antigo centro financeiro chamado de "a cidade" (quando se ia ao centro em minha infância, ainda se dizia: "Vamos ao centro" ou "Vamos à cidade"). Depois de tantas décadas, o centro financeiro paulistano se transferiu em boa parte para a Avenida Paulista, depois para a Avenida Faria Lima, e a Rua Quinze, decadente, está hoje invadida por camelôs e lanchonetes populares. Mas a sede do B.Bank, que identifiquei em livros de

59. Nelson Schapochnik (org.), *João do Rio: um dândi na Cafelândia,* São Paulo, Boitempo Editorial, 2004, p. 21-22, 31, 44. O livro é cheio de impressões favoráveis de São Paulo do famoso cronista carioca, das quais fiz uma colcha de retalhos.

fotos sobre a época, permanece e é hoje o nº 268, sede da Secretaria Municipal de Transportes; o prédio, bem conservado por fora, está totalmente alterado por dentro. Nem todo esse desprestígio da rua e do edifício porém tiram minha emoção quando passo por lá.

Gabrielle dizia que não queria ficar "monetariamente algemada" ao marido; querendo gerir a própria fortuna, Gabrielle pedira inúmeras vezes que ele assinasse um recibo das quantias que recebera, mas nunca o conseguiu. A falta desses será a causa de outro enorme veio de disputas: era um dos motivos das ameaças constantes de separação e divórcio. A vida do casal, difícil desde o início, se deteriorava rapidamente, apesar da tentativa (desesperada?) de certo recomeço paulistano. Ela escreveu ao marido, nesse momento (em francês): "Você não compreende a feiúra de seus atos? Não (...) e eu achei que aos poucos você se regenerara, por amor; confessar a verdade e se fazer perdoar. Corrigir os erros graves e terminar por onde deveria ter começado..."

No dia 19 de janeiro de 1915, no prestigioso jornal Correio Paulistano, (órgão oficioso/oficial do famoso Partido Republicano Paulista – o PRP, então único partido da situação política paulista), entre notícias da guerra na Europa e de um terremoto na Itália, se podia ler a seguinte manchete seguida de relato:

Um lar em sangue – Horas trágicas num palacete da Avenida Paulista – O gerente do Banco Alemão, acometido de violenta crise nervosa, tenta assassinar a esposa e se suicida em seguida – as providências da Polícia.

Num lindo palacete da Avenida Paulista, desenrolou-se ontem, às primeiras horas da manhã, uma impressionante tragédia que impressionou vivamente o espírito público pela alta condição social dos personagens nela envolvidos. O gerente do Banco Alemão, no Rio de Janeiro, Sr. Frederico William Sieler, atormentado por uma cruel enfermidade nervosa e que lhe vinha empolgando o organismo, num dos freqüentes acessos da moléstia, desfechou contra a própria esposa um tiro de revólver, suicidando-se em seguida. Narremos, porém, o fato com todos os seus antecedentes: o sr. Frederico William Sieler, de 40 anos de idade, era, como dissemos, gerente do Banco Alemão no Rio de Janeiro. Funcionário de absoluta confiança de seus superiores e estimadíssimo pela suas excelentes qualidades de caráter, o sr. Sieler, apesar de há tempos viver acabrunhado da neurastenia, dava cabal desempenho de suas obrigações no estabelecimento bancário que dirigia. Ultimamente, porém, como seus padecimentos se agravaram, no intuito de buscar em outro clima um pouco de benefício para seu precário estado de saúde, o Sr. Sieler solicitou a sua transferência para a sucursal do Banco nesta capital. Uma vez em São Paulo, o gerente e sua esposa, D. Gabriela, de 36 anos de idade, brasileira, estiveram durante alguns dias hospedados na Rotisserie Sporstsman, de onde se passaram para uma confortável vivenda na Avenida Paulista, 44-B. No entanto o mal de que Frederico se achava afetado perseguia na sua marcha perniciosa, esgotando-lhe cada vez mais as energias nervosas, a ponto de o transformar em um indivíduo perigoso para a tranqüilidade da própria esposa. Anteontem, porém, o estado de Sieler apresentou sensíveis melhoras. Ao contrário do que acontecia ultimamente, o infeliz enfermo mostrou-se comunicativo a ponto de ter levado sua esposa à casa de seu amigo e diretor do banco Willelmen Kupp, onde jantaram e passaram uma agradável soirée. De regresso à casa ambos se recolheram, revelando-se Frederico aparentemente calmo e satisfeito. Na manhã de ontem, cerca de 6 horas a esposa de Frederico despertou chamada pelo marido e quando se ergueu do leito viu que ele a mirava com um revólver em punho. Rápida, num movimento instintivo, atirou-se para Frederico, ao mesmo tempo que este detonava a arma, cujo projétil foi feri-la no braço esquerdo. Gabriela desfaleceu, enquanto seu marido se recolhia novamente à cama. Depois, voltando a si, deitou a correr, bradando por socorro ao tempo em que outra detonação era ouvida. Imediatamente as pessoas da casa deram aviso à polícia, comparecendo no local o Dr. Antonio Naccarato, delegado de serviço na Central, acompanhado dos doutores Marcondes Machado, médico legista, e Luiz Hoppe, da Assistência. Enquanto o facultativo dispensava à ofendida os seus cuidados médicos, a autoridade dirigia-se para o quarto do casal. O corpo de Frederico Sieler repousava sobre o leito, oculto por um lençol. Apresentava na fronte, do lado direito, um ferimento perfuro-contuso, de bordos regulares, reentrantes e denegridos, de cerca de meio centímetro de diâmetro, produzido por projétil de arma de fogo, que deveria ter penetrado no interior do crânio atingindo o cérebro, e determinando a morte instantânea do paciente. Havia abundante hemorragia e notou o médico legista ainda detritos de massa cefálica de mistura com o sangue que se esgotara pelo ferimento. O cadáver não apresentava outros vestígios de violência. Em seguida a autoridade passou a tomar as declarações da viúva do morto. D. Gabriela Sieler, de 36 anos de idade, branca, brasileira, de pais alemães, é casada com Sieler em segundas núpcias há cerca de nove meses. Habitava até há pouco na Capital Federal, onde o marido exercia o cargo de gerente do Brasilianische Bank für Deutschland . Como de uns tempos a esta parte, ele se mostrasse gravemente doente, diversos médicos que consultaram os induziram a mudar de clima, motivo pelo qual vieram para São Paulo. Aqui não diminuiram, entretanto, os seus padecimentos, antes se agravaram. A esposa e diversos amigos aconselharam o enfermo a consultar o

Dr. Walter Seng, porém ele não quis atender a esses conselhos. Em vista do espírito irritadiço e por vezes violento que de contínuo se manifestava, promovendo freqüentes desavenças no casal, Gabriela passou a recear seriamente que o marido viesse a praticar qualquer desatino. Anteontem, não obstante Frederico, como já dissemos, ter passado bem o dia, ela não se descuidou de tê-lo em constante vigilância, tanto assim que por três vezes durante a noite o viu levantar-se para beber água. Pela manhã de ontem ouviu que ele a chamava e ao levantar-se foi então ferida, quando procurava desarmar o esposo. Teve um rápido desfalecimento, caindo ao chão. Frederico debruçou-se sobre ela e verificando que a havia ferido, ergueu-se de novo, deitando em seguida. Foi nesse instante que ela deitou a correr para fora, batendo a porta, ao mesmo tempo que escutava uma segunda detonação. Com essas declarações e os autos cadavéricos e de corpo de delito, foi instaurado o competente inquérito, que está prosseguindo na delegacia da Consolação a cargo do Dr. João Batista de Souza, delegado da circunscrição. O cadáver do desditoso Sieler ficou depositado em câmara ardente na própria casa da Avenida Paulista, guardada por uns poucos amigos. O seu enterramento será feito no Cemitério do Araçá.

À parte alguns erros sem maior importância (pais alemães de Sieler em vez de franceses, duração do casamento dos dois, Cemitério do Araçá em vez de Cemitério dos Protestantes, a idade falsamente declarada de Gabrielle...) o relato me parece vivo e pouco sensacionalista. Em suas memórias, Laura Rodrigo Octávio registrou a ocorrência, da qual teve conhecimento quando estivera hospedada na belíssima casa *art nouveau* de seus tios Coimbra na Avenida Paulista (no local do atual Conjunto Nacional, a casa é constantemente

60. Laura Rodrigo Octávio, *Elos de uma corrente*, p. 235.

reproduzida nos livros que recompõem a Avenida Paulista no começo do século XX): *Perto da casa de tio Horácio* (Coimbra), "foram construídas três casas, também 'arte-nova', para aluguel. Numa suicidou-se um senhor Ziller. Eu dormia em casa de meu tio, e fomos acordados com a notícia, que causou grande impressão".[60]

O processo foi arquivado. São conhecidos vários casos de homens que se suicidam em razão do insucesso nos negócios; a "doença nervosa" de Sieler (como se dizia), para os que investigaram o caso, ficou claramente configurada. Gabrielle registrou, anos depois, que Sieler sofrera inúmeras pressões internas de companheiros e chefes no B.Bank e que a decisão de enviá-lo a São Paulo se prolongara a ponto de ser um tormento. Além disso, afirmou que a distante guerra européia o perturbara profundamente.

Embora Gabrielle tivesse sido inocentada e a causa de tudo atribuída à *violenta neurastenia* do marido, mesmo assim houve uma atribuição do crime a Gabrielle e posteriormente o crime lhe foi várias vezes atribuído. A acusação de assassina foi uma pesada carga psicológica que ela carregou e por diversas vezes comentou sobre isso. Sua família provavelmente odiou esse tipo de notoriedade; não encontrei nenhuma informação de apoio que ela tenha recebido por parte deles no caso e, pelo contrário, essa é uma queixa recorrente nos escritos de Gabrielle, que veio se juntar à falta de apoio que ela reclamava desde a morte do primeiro marido. O testemunho de seu irmão Gustave à Polícia de Paris, quase dez anos depois, criou deliberadamente um clima de suspense quanto ao que teria realmente se passado. Testemunhou ele:

Que se teria passado na verdade? Eu não saberia dizê-lo, porém, em todos os casos, o desenlace foi o seguinte: o Senhor

Sieler deu tiro de revólver sobre sua esposa, ferindo-a no ombro esquerdo e suicidou-se. Tal é a versão admitida pela justiça e sou obrigado a considerá-la exata; esse drama se desenvolveu sem testemunhas.

Ainda pela mesma entrevista fica-se sabendo que, "desde 1915, por ocasião do suicídio de seu segundo marido", Gabrielle e esse irmão e sua mulher (Gustave e Mabel Hime Masset, os avós de meu marido) não mais se davam, pelo apoio dado por Gustave ao B.Bank e não à irmã.[61]

Pode-se supor que Sieler agiu desatinado por sua péssima relação com a esposa e pressionado pelos seus problemas mentais e financeiros. Além disso, pode ser difícil para um homem mal sucedido do ponto de vista profissional conviver diariamente com a mulher da qual ele depende financeiramente. No processo de anulação, o problema de sua saúde mental poderia pesar a favor de Gabrielle, mas o fato não é levantado: a louca era para ser ela e tudo que ele – *neurastênico* e suicida – afirmara desde a lua de mel sobre Gabrielle como desequilibrada foi aceito como fato indiscutível e usado como prova pelos advogados dos requerentes. Mas houve mais de uma pessoa entre aqueles com os quais conversei sobre esta história que se mostrou convencida de que Gabrielle teria matado Sieler, seja por seu desejo de se livrar dele, seja pelas referências técnicas do relato (uma de minhas colegas estudara crimes femininos). Na imprensa de muitos anos depois, há referências a essa suspeita de assassinato logo após o incidente, mas o irmão Georges vem a público para negar qualquer coisa nesse sentido; mas no próprio processo em certo momento aparece essa suspeita.

61. Gabrielle se referiu à cunhada, em seu depoimento à Polícia de Paris, como *a judia*, assim como no testamento do mesmo ano; a esposa de Gustave era nascida Hime, família de origem judia, porém convertida ao catolicismo.

A viúva querelante pelo mundo: Madame Klotz, a "Mata-Boches"

Com a segunda viuvez, mais uma encruzilhada na vida, novas disputas com a família do segundo alemão falecido. Casados com separação de bens, Gabrielle indignava-se com o fato de a família alemã de Sieler querer ser sua herdeira; provavelmente o que mais a irritava era que o dinheiro considerado como de Sieler lhe pertencia, pois fora um empréstimo a ele. Nove anos antes de vir ao Brasil, Sieler fizera um testamento em favor de sua família. Ao morrer não possuía bens e o dinheiro em seu nome provinha de Gabrielle; o B.Bank não reconheceu esse fato e apoiou as pretensões dos Sieler alemães, o que foi se tornando cada vez mais complicando as relações entre Gabrielle e o banco. Num dos momentos de maior virulência, na redação de seu segundo testamento, ela chegou a afirmar que o banco é que "armara a mão de Sieler", roubando-a e ainda "fazendo campanha contra ela."

Gabrielle fez transladar o corpo de Sieler do Cemitério dos Protestantes (aquele encravado no Cemitério da Consolação), em São Paulo, para o Cemitério São João Baptista, no Rio, e o enterrou no mesmo túmulo do primeiro marido (certamente depois de maio de 1925, pois no testamento de 1924 Sieler ainda consta como enterrado em São Paulo). Relata a memorialista Laura Rodrigo Octávio:

> (Gabrielle) tornara-se cliente de meu sogro (o conhecido jurista Rodrigo Octávio). Num dado momento, ela quis comprar um terreno no Cemitério São João Batista, e foi a meu sogro, para que ele redigisse a escritura, na qual fazia questão de deixar bem claro que ali deveriam ser sepultados seus dois maridos, e demais noivos e maridos que viesse a ter![62]

Mas Gabrielle, na verdade, consultara o jurista para muito mais assuntos desde 1917/1918, quando ela começou a dedicar-se com afinco a cuidar sozinha de seus bens e para tal sentia necessidade cada vez maior de bons advogados. Rodrigo Octávio foi um dos juristas que desde o início lhe confirmou suas pretensões.

Ela não voltou a se fixar na capital federal de forma definitiva alternando idas e vindas entre São Paulo e Rio de Janeiro. Nesta última cidade morou em bairros de elite, como na Rua do Cosme Velho, nº 42 (antigo 16) e em sua residência final, na Rua Paissandú, nº 46 ou 30. São mais ou menos dez anos de uma vida social de uma aparente normalidade e rotina, apesar de agitada pela atribulação das questões financeiras e pelos constantes atritos com seus familiares nessa época; embora brigassem, freqüentavam-se regularmente. Pouco antes de morrer, a mãe lhe escreve em francês: "Reze por sua mãe que queria tanto te ver, senão feliz, pelo menos doce e tranqüila em uma submissão à vontade da Providência Divina." Mas a filha, embora crente, era tudo menos submissa e responde: "Não sou uma santa com aparência de demônio mas a injustiça me revolta."

62. *Elos de uma corrente* e o romance *As razões do coração* fazem referência à existência de uma sepultura comum aos dois maridos. Ver Laura Oliveira Rodrigo Octávio, *Elos de uma corrente*, p. 235. Uma declaração de Gabrielle na Administração do Cemitério São João Batista expressa o mesmo desejo quanto aos futuros maridos.

As relações familiares, tendo se complicado desde a morte de Brune, ficam sempre documentadas como difíceis, algo não muito raro nas famílias patriarcais. Os mais próximos são Georges e Mercedes, para quem encontrei correspondência esporádica até 1937; por exemplo, quando a mãe morre e Gabrielle vai para a

Gabrielle em Punta del Este em 1916.

Foto de álbum de família,
Rio de Janeiro, anos 1920.

63. Ver Edgard de Brito Chaves Junior. *Memórias e Glórias de um Teatro - Sessenta anos de História do Teatro Municipal do Rio de Janeiro (1909-1970)*, Rio de Janeiro, Cia. Editora Americana, 1971, p. 334-335.

Argentina – encontrei fotos dela com acompanhante em Mar del Plata, onde fazia estação de repouso – há uma sua carta bastante íntima à cunhada, aconselhando-a para que vá com Georges para São Lourenço (outra das estações termais em voga naquele tempo) passar o final do ano, pois ele estava profundamente deprimido pela perda da mãe. Conta também para Mercedes que tem tido "um passadio triste tendo como única consolação um flirt antigo, bem apurado, mas meu medo de casar-me é tão forte (...) apesar de saber que os brasileiros não saberiam defender os meus direitos contra alemães ladrões". Confessa a Mercedes seu íntimo: "Não sei o que fazer, pois temo perder a potência com tantos abusos e fazer qualquer desatino num momento de justa indignação (...) com mamãe aí não o faria (...) por isso peço que continue as rezas que ela fazia para mim."

As fotos, os comentários na imprensa, a memória familiar revelam que chamava atenção por sua beleza, pelos trajes espetaculares; me contaram sobre "uma capa maravilhosa!" que usava nos espetáculos no Teatro Municipal, onde tinha uma assinatura para a temporada lírica. Há um bilhete dela mencionando uma assinatura em 1912; em um livro sobre o teatro há uma relação dos assinantes da temporada de 1923, apontada como praticamente a mesma por toda a década. Ocupavam as frisas camarotes e poltronas os nomes importantes da época (como o Ministro das Relações Estrangeiras, o representante do Banco Francês-Italiano, o conde Cândido Mendes, o Dr. Leitão da Cunha, o Dr. Linneu de Paula Machado), algumas outras Madames (como a contra-parente de Gabrielle Madame Jorge Hime, a cunhada Mercedes, suponho, e Madame Guilhermina Guinle) e outros nomes importantes como barões, comendadores e almirantes. Entre os assinantes de poltronas, descobre-se Madame Brune Sieler, sentada entre Dr. Herbert Moses e Dr. Raul Penido.[63]

O sobrinho Paulo contou que tinha o costume de levá-la e buscá-la no Municipal, entre 1928-1930, dirigindo seu automóvel.

Foram – apenas no ano de 1922! – 51 récitas, num total de 154 espetáculos, durante os quais certamente Gabrielle exibia sua elegância e prosa atilada e cruzava com algumas das figuras importantes às quais recorria em busca de auxílio. Há menções de outros pedidos de ajuda formulados em encontros ocasionais ou provocados em hotéis de luxo, viagens, jantares. Há um fato que para os advogados da família constituía prova de total desatino: Gabrielle teria pedido a Lauro Muller, diplomata e Ministro das Relações Exteriores, que passasse em sua casa para ajudá-la a resolver seus problemas (mas não se sabe bem o tipo de relações sociais ou afetivas entre os dois).

Pelo processo descobri que Gabrielle teria fornecido ao romancista Afrânio Peixoto a inspiração para um personagem de seu romance *As razões do coração*, publicado em 1924.[64] Ao descrever a sociedade carioca da época, o autor faz várias referências a uma figura feminina que circulava nos altos meios, viúva mais de uma vez e à eterna procura de mais um marido, alguém que provocava comentários por ser um tanto bizarra. Era designada como a *bela Madame Klotz, a barba-azul* ou a *Mata-Boches* (apodo citado em anotação de Georges); a caracterização chega até mais longe, pois o personagem é designado também como "*la femme qui assassina*" (em francês no texto). O personagem criado, com toda a liberdade que existe na ficção, de certa forma vinha corroborar a boataria que existia em torno da morte de Sieler. Nos anos 1940, Luiz Anibal Falcão observou a enorme popularidade dos romances de Peixoto, pelos quais

64. Ver Afrânio Peixoto, *As razões do coração*, Volume V, Rio de Janeiro/São Paulo/ Porto Alegre, W. M. Jackson Inc., 1947. Outros romances da época que me revelaram aspectos semelhantes da sociedade carioca, mas desta vez de um ponto de vista feminino, foram Júlia Lopes de Almeida, *A viúva Simões* (atualização de texto), e Inês Sabino, *Lutas do coração* (atualização do texto), ambos publicados em Florianópolis, Mulheres EDUNISC, 1999.

Foto de álbum de família, Rio de Janeiro, anos 1920.

todo mundo conhece as heroínas frívolas ou sinceras, requintadas ou singelas, desdenhosas ou apaixonadas, a quem ele comunicou esse sopro de vida palpitante que é o segredo do artista criador. (...) E é essa simpatia, por assim dizer universal, que lhe faz sentir mais intimamente os homens e a natureza e transpor e transpor em seus livros uma atmosfera a um tempo tão clara e humana. Graças a ela Afrânio Peixoto sente intensamente a vida e compreende-a e por isso a descreve tal como ela é, sem entusiasmo excessivo mas sem desesperança inútil. A vida é assim, aceitemo-la.[65]

65. Luiz Aníbal Falcão, *Do meu alforge*, Rio de Janeiro, Livraria Geral Franco-Brasileira, 1945, p. 27-28. Ele era muito amigo da família Masset Costilhes, pais de meu marido.

Eugénie, pouco antes de seu falecimento, com seu filho Georges e netos.

Afrânio Peixoto, além de romancista, foi um famoso psiquiatra com vários trabalhos na área e que trabalhou em medicina legal no processo, é várias vezes citado por seus pares enquanto autoridade no assunto. Chamado a dar um parecer sobre a sanidade de Gabrielle, negou-se a fazê-lo.

Quando, em 1937, alguns fatos levantaram grande sensacionalismo na imprensa em torno de Gabrielle (então em idade *provecta* – ou seja, naqueles tempos, por volta de 60 anos), essa fase de sua vida foi lembrada de forma bastante romântica. Uma longa entrevista (à qual voltarei) reproduz o que apontam como suas *recordações* de seus *dias de fastígio*, quando freqüentava a alta roda social e era admitida às festas e recepções promovidas pelo corpo diplomático acreditado no Rio de Janeiro. Em uma dessas se descreve Gabrielle a "desfilar a elegância requintada, recamada de jóias custosas, acompanhada dos galanteios de uma multidão de admiradores (...) (nos) salões ofuscantes de embaixadas que seus olhos viram, repletos de espelhos onde sua elegância se remirou". Ela teria citado "nomes de personalidades proeminentes com os quais rodopiou ao compasso de valsas". Segundo ela, muitos desses a teriam pedido em casamento. Uma foto de primeira página atesta sua beleza e excentricidade.

Ela escreve por volta de 1920: "Tomei o firme propósito de não ficar vítima." O fluxo reivindicatório iniciado em 1914 (dossiês, extensos, recapitulando os problemas internacionais desde seu início, cartas redigidas por vezes de forma prolixa e confusa, com menções às perseguições e injustiças) foi uma constante quase até os últimos anos de Gabrielle. Em 1924, por exemplo, dirigiu-se aos embaixadores da Alemanha, Inglaterra e Itália, ao governador de São Paulo, Washington Luiz, e ao presidente, Epitácio Pessoa. Fez consulta a um brilhante escritório de advocacia paulista, constituído por Francisco Morato, Estevam de Almeida e Spencer Vampré pedindo orientação para o que pensava empreender, mas creio não ter tido continuidade nessa tentativa. Nesse início eram sempre bons advogados: o padrinho Pires Jordão, o já citado Rodrigo Octávio, Murtinho Nobre e Miranda Jordão.

O final da *Grande Guerra*, em novembro de 1918, foi fartamente festejado no Rio de Janeiro, como mostrou a imprensa:

> Na Avenida Rio Branco e em todas as ruas principais era extraordinário o movimento. De instante em instante passavam automóveis embandeirados, conduzindo famílias e grupos populares surgiam de toda parte, cantando alegremente. (...) À 1 hora da tarde a Avenida Rio Branco estava completamente cheia. Às 6 horas ninguém podia passar por ali (...) O entusiasmo do povo aglomerado na nossa principal artéria não tinha limites. De momentos a momentos, a aparição de um símbolo das nações aliadas, vivas eram ouvidos, acompanhado de salvas de palmas, de exclamações ruidosas. As bandas de música do Exército, da Marinha e da Polícia que percorriam a avenida eram solicitadas de instante a instante, à execução dos hinos aliados, a cuja terminação o povo prorrompia em aclamações delirantes.Pouco depois das 5 horas da tarde, marchando garborosamente, passou pela avenida o Batalhão Naval, que foi recebido por vivas entre a multidão (...) uma demonstração eloqüente do sincero entusiasmo que a todos domina nesta hora histórica.

E parece que a festa continuou no dia seguinte:

> A cidade continuou hoje com o aspecto deslumbrante de pleno delírio de que foi tomada ontem, às primeiras horas da noite, após a iniciativa brilhante das colônias estrangeiras entre nós domiciliadas, de festivamente comemorarem o mais memorável dos memoráveis acontecimentos de nosso tempo: a derrocada do militarismo prussiano. A nossa população, fria como quase sempre, compreendeu por fim que deveria se associar a tão justas e naturais manifestações de regozijo. (...) Hoje como ontem à noite, o delírio era pleno (...) a alegria era geral pela volta do império bendito da paz.[66]

66. Ver UOL - O Rio de Janeiro através dos jornais – Final da Primeira Guerra Mundial – 1918, *http://www.uol.com.br/rionosjornais/rj23.htm*

Gabrielle foi certamente uma das mais entusiasmadas, pois o desenlace permitiu-lhe viagens internacionais para pessoalmente tentar resolver suas reivindicações. Tendo passado ilesa pela epidemia de Gripe Espanhola, embarcou em uma primeira viagem ao Velho Mundo; depois, em 1922, foi a Buenos Aires, onde seu marido também deixara bens – portanto, sempre em busca da fortuna – mas também, segundo ela, para "tomar novas forças fora do Brasil". Nesse ano de 1922 sua mãe morreu e ela herdou uma pequena soma que se agregou ao seu grande patrimônio; mais tarde, esse fato foi utilizado no processo – no momento político de construção do nacionalismo no chamado Estado Novo (1937-1945) – como um argumento para que procurasse impedir sua enorme fortuna de sair do Brasil. Em 1925 foi aos Estados Unidos, onde constituiu advogado para resolver suas pendências internacionais; o diário que escreveu nessa viagem desapareceu. Mais algumas viagens foram feitas ao Velho Mundo.

Dois anos após a morte da mãe, em 1924, Gabrielle redigiu um segundo testamento mudando bastante a orientação do primeiro (ver anexo). Se no primeiro sente-se um favorecimento de sua família de origem e a tentativa de se vingar de Sieler, no segundo sente-se uma vontade de doar aos "pobres", aos "excluídos", aos "perseguidos" desconhecidos e desprotegidos – em várias cidades e países – o grosso de sua fortuna, com exceções de pequenos legados pontuais a alguns familiares e outros. Através desse último testamento encontramos referências a seus bens nacionais – imóveis no Rio de Janeiro e em São Paulo, rendas, contas correntes, jóias, roupas e malas no Hotel Glória e Hotel dos Estrangeiros, assim como a seus bens internacionais (dinheiro e bens imóveis) na Alemanha, na Inglaterra, na Argentina. A redação é confusa e parece que o redigiu sem ajuda jurídica. Há excentricidades como pedir que, depois de morta, seu corpo fosse lançado no Canal do Panamá. O caráter internacional de Gabrielle – transatlântico, como para mim o clã Leuzinger (assim como também os Masset) – aparece de maneira muito clara neste testamento, seja por sua fortuna e conseqüentes doações, seja por suas escolhas do Tribunal de Haia (como árbitro para suas disputas) e do Canal do Panamá como local aonde gostaria que se levasse seu corpo depois de seu falecimento.

Esse segundo e último testamento, que revoga o primeiro, foi apresentado no processo como a prova ainda mais cabal e definitiva de loucura. De uma forma geral, o testamento é interpretado como sendo contra a família de nascimento de Gabrielle, a grande banida da herança. Em carta a Georges em 10 de janeiro de 1923, ela escrevera: "Só agora compreenderás o que é ter o coração despedaçado, a cabeça em fogo, e sentir-se absolutamente só e rodeada de ingratidões e injustiças, roubos e infâmias, como eu fiquei desde 1912. Uff!!" No ano seguinte, ano da redação do testamento, escreveu novamente ao mesmo irmão, seu quase vizinho na Rua

Paissandú, afirmando que queria ir morar em São Paulo. Dizia não mais suportar o ambiente do Rio, onde "tudo lembra uma injustiça, um sofrimento, uma perversidade, e irei para São Paulo, (já que) temo sair do Rio devido à campanha contra mim, por-me-ão na miséria negra, visto não poder ter mais advogado, despachante, amigo, TODOS ficam anulados e se não se tornam ladrões, ficam covardes; abandonando-me, vivendo eu, num isolamento, e disfarçando isto". Segundo Gabrielle, Georges era o caçula que ela procurara com o apoio de Brune encaminhar na vida profissional e a quem depois, mais tarde, emprestara dinheiro para que desenvolvesse negócios próprios ou comprasse uma casa própria (encontrei as duas versões). Tendo-lhe emprestado os 80 contos de réis, não perdoa a dívida no testamento, reagindo assim ao que sentia como ingratidão.

Três meses depois do testamento, em setembro de 1924, Gabrielle fez mais uma daquelas viagens à Europa em busca de seus bens; levava consigo um enorme dossiê sobre o caso. Em Paris, pediu uma entrevista com Édouard Herriot, o Presidente do Conselho (cargo semelhante ao atual Primeiro Ministro), pensando conseguir seu apoio. Herriot estava no início do governo de esquerda que dirigiu, de julho de 1922 a abril de 1925; em meio a uma agitada cena política francesa, o cuidado e proteção a ele eram estritos. Ao tentar ser por ele recebida, Gabrielle trazia em sua bolsa o eterno revólver, o que acabou por envolvê-la com a polícia francesa, que suspeitou de um atentado.Georges informou em relatório à justiça, anos mais tarde, que naquele momento ela teria atirado, mas nada confirmou-me esse fato.

Consta do processo um longo documento enviado ao Cônsul brasileiro em Paris (ver anexo). Entrevistada pelo *Service de Police de Paris* uma ou mais vezes no Hotel Continental onde estava hospedada (segundo a polícia, "não freqüentado por brasileiros"), não chegou a ser submetida a qualquer exame médico, embora sua necessidade de tratamento fosse explicitamente colocada. No relatório lêem-se declarações bombásticas e ameaçadoras que teria feito, afirmando que "queria matar um homem importante para tornar-se célebre". Esse incidente internacional foi algo que um seu primo, juiz ele também, classificou para mim como "uma forma inteligente de chamar atenção" para sua causa, pois a intenção confessada era chamar a "atenção do mundo para a espoliação que sofrera". Detalhe anedótico ou significativo de mulher vaidosa: mais uma vez, como fizera na morte de Sieler, ela mentiu para a Polícia sobre sua idade. Gabrielle pagou caro, até o fim de seus dias, as conseqüências desse incidente e do que pode ser entendido como suas desastradas bazófias para chamar atenção.

O *Chef de Police* pediu auxílio do Cônsul Geral do Brasil em Paris, "amigo das famílias Leuzinger e Masset". A família localizou o endereço de uma tia (já falecida): era no 86, Avenue Henri Martin, típico e imponente edifício de cinco andares do *seizième*, elegante bairro da *Rive Droite*, residência familiar dos Masset parisienses, construída ainda no século XIX (onde até hoje podem ser vistas na porta de entrada do prédio as iniciais da família). Lá morava Charles Masset, solteirão (e amargo?) que declarou à polícia: "Madame Viúva Sieler é minha prima legítima, e não a vi desde 1922 e ignorava a sua presença atual em Paris. Considero-a uma desequilibrada, uma exaltada, e por esses motivos eu não quero me ocupar dela, nem mesmo revê-la." Contou à polícia a história dos maridos alemães, das disputas em torno da fortuna e concluiu que, como Gabrielle perdeu suas ações para tomar posse integral de seus bens, "ela tem tido perturbações mentais. A última vez que a vi, ela se sentia perseguida por todo o mundo, especialmente pelos membros de sua família; ela pretendia também que todos os homens corriam atrás dela, como cães atrás de uma cadela (sic). (...) Em minha opinião e no próprio interesse dela, a minha prima deveria ser cuidada num hospício". E terminou indicando a presença do irmão Gustave Masset no Hotel Lutetia (que durante a Segunda Guerra Mundial abrigou militares alemães e até hoje é um hotel muito elegante no Boulevard Raspail). A essa altura o irmão mais velho Gustave tinha se afastado de Gabrielle e sendo

Gustave Leuzinger Masset e Gustave Masset Jr.

chamado pelo Cônsul para apoiá-la, não somente se negou de forma peremptória a prestar qualquer tipo de auxílio como colocou suspeições sobre sua irmã, fornecendo dela a imagem totalmente negativa já destacada na epígrafe e prevendo que ela acabaria por se suicidar ou por matar alguém.

Na França o incidente acabou como um "caso sem valor para as autoridades", ou seja, deve ter sido considerado menor; não encontrei menção ao processo nos arquivos da polícia parisiense. Não houve reclamações oficiais do Governo francês, somente um alerta para que as autoridades brasileiras ficassem atentas à chegada de Gabrielle ao Brasil. Tendo a família se eximido até mesmo de apenas ver Gabrielle, coube ao Cônsul resolver o problema da sua volta ao Rio de Janeiro. No início ela afirmou não desejar sair da França, mas acabou retornando pelo vapor Almanzora. As chegadas ao porto eram cotidianamente noticiadas nos jornais. No dia 13 de dezembro registrou-se na imprensa a chegada ao Rio de Janeiro do Almanzora, trazendo a bordo passageiros ilustres como o Embaixador na Liga das Nações Raul Fernandes (vizinho de temporada no Municipal), acolhido com uma recepção, e um "grande capitalista de renome"; mas nada de notícias sobre a chegada de Gabrielle. Embora Herriot esteja várias vezes na primeira página dos jornais cariocas, o incidente também não foi mencionado.

Em fuga: Mme. Buarque Smith e outras madames ou "O sombrio epílogo de uma vida de fausto"

em *A Noite*, 30/08/1937, primeira página

Os primeiros dados que encontrei sobre o que foi o último período da vida de Gabrielle, do final dos anos 1920 até quase o final dos anos 1930, provêm de documentos que pedi para serem levantados no Fórum do Rio de Janeiro, atual 1ª Vara de Órfãos e Sucessões, logo no início da minha pesquisa. Não foram localizados, apesar da intervenção de advogados cariocas, nem o processo de interdição nem todas as pastas mencionadas no processo de anulação. Consultas à imprensa da época também sublinharam o conteúdo dramático da decadência de Gabrielle e de seus bens; há em especial uma longa entrevista dada em setembro de 1937 por ela. Nos documentos oficiais e na imprensa, uma nova grafia para seu nome: Gabriella. Os já mencionados documentos guardados por Georges e Jacobina Lacombe foram importantíssimos para o detalhamento desses últimos anos de vida de Gabrielle.

Para gerir sua enorme fortuna ou cuidar das reivindicações dos bens seqüestrados, ela parece ter se envolvido com um tipo desclassificado de advogado, diferente dos primeiros grandes causídicos que a apoiaram nas décadas de 1910-1920 quando iniciava esperançosa sua gestão dos próprios bens. Aparentemente o fato de Gabrielle querer ser independente e tudo controlar complicava-se por ser ela de temperamento difícil e emocionalmente instável. Dois desses advogados provaram ser aproveitadores inescrupulosos da situação confusa em que estava sua fortuna: Roman Posnanski e Paulo Rappaport.

Roman Posnanski foi indicado a Gabrielle por seu irmão Georges – *seu amigo polaco*, escreve ela ao irmão – para resolver problemas com um inquilino da casa do Cosme Velho, nas Águas Férreas, que não pagava há mais de um ano. Aos poucos, ele foi se imiscuindo em todos os negócios de Gabrielle e ela foi desconfiando de seu modo de agir, pois parece que ele sumia com dinheiro e papéis e agia de forma incoerente e mentirosa. A certa altura ela decidiu desautorizar uma procuração que lhe dera para cuidar de seus negócios. Em represália, Posnanski teria iniciado um processo para sua interdição. Nos papéis forenses ele se apresentava como *advogado internacional*; fazia parte de reconhecido escritório de Haeckel de Lemos e Augusto Tavares de Lima Filho, que depois procuraram abafar e cobrir os estragos feitos, eximindo-se de responsabilidade no caso. Posnanski, depois da morte de Gabrielle, faz a mesma coisa na imprensa que, segundo ele, dera informações erradas no caso de Gabrielle Brune-Sieler.

Ela foi examinada por psiquiatras ilustres, mas o processo foi abandonado, não se sabe por que, talvez devido ao próprio caráter aventureiro do Posnanski. Posteriormente a própria família Masset retomou o pedido de interdição, através do caçula Georges, que liderou as irmãs. Afirmou Georges tê-lo feito por que Gabrielle estava "seqüestrada e os bens ameaçados de abandono" (Gustave já era falecido). O conjunto dos herdeiros – parece que

67. Quando eu me indignava e trocava idéias com um colega, ele me disse: "Até o magnífico Jean-Jacques Rousseau morreu paranóico!"

68. Georges ou Jacobina Lacombe guardaram um recorte de jornal não identificado, datado de 17/12/1948, sobre "A Curatela judicial". Parece que era somente no estado do Rio de Janeiro que havia curatelas e o articulista era contra. O caso de Gabrielle é citado como um dos exemplos do mal da curatoria ou curatela, pois ela, "cuja renda mensal ia além de 100 contos de réis em 1932, passou, com o infortúnio da moléstia, a viver uma vida mesquinha e sem conforto, cerceada em suas mais simples vontades, forçada a um regime de economia senão de avareza pessoal até prejudicial à sua saúde. O Curador jamais a visitou onde ela se encontrava salvo uma única vez para efetuar a arrecadação de vultuosa quantia em seu poder. (...) Ficou reduzida a uma quota mensal mínima..."

a duras penas – pagou o processo, como se vê nos documentos de Georges, que lamenta sempre terem recaido os gastos muito mais sobre ele do que sobre os outros. Podemos supor que conheciam o teor de seu segundo testamento, mas não posso estabelecer nenhuma relação imediata de causalidade em relação a esse conhecimento e o pedido de interdição.

Gabrielle é novamente examinada por quatro *ilustres psiquiatras*. O 1º laudo é de Xavier de Oliveira e Miguel Salles, e o 2º de Heitor Carrilho e Murilo Campos, datado de 8 de março de 1935. Este segundo laudo diagnostica: "Do ponto de vista mental, D. Gabrielle mostra-se lúcida, bem orientada e sem distúrbios para as faculdades psíquicas elementares"; criticam seu "orgulho desmedido, a desconfiança e inadaptabilidade às exigências do meio". Mas ela foi declarada como possuidora de *delírio querelante*. Apesar de ter tentado obstar a interdição contratando advogados como Stélio Galvão Bueno (em casa de quem passara alguns dias) e José Leal de Mascarenhas, "gastando muito dinheiro" para se defender da pecha de louca (os recibos são inúmeros e de valores altos), aos 60 anos, em 1935, acabou sendo interditada com diagnóstico de *paranóia* e *histeria*.[67]

Foi-lhe nomeado como tutor o advogado Fructuoso Aragão, assim como também um curador. Georges atestou oficialmente que o curador cuidou muito bem do dinheiro dela, mas reclamava extraoficialmente da lentidão de suas providências e de más providências tomadas pelo tutor.[68] Aragão, mostrando-se contra a anulação dos testamentos, faz para a imprensa, por ocasião da morte de Gabrielle, um relato muito favorável a ela, mas também justificando sua própria atuação. Para ele, Gabrielle foi muito bem cuidada, pois ele procurava "satisfazer seus mínimos desejos que sabia por terceiros: frutas, revistas, jornais e flores", assim como "massagista, manicure e pedicure". Acrescenta que ela teve um "enterro à altura de sua representação social e com o vulto de seus bens". E concluiu: "A justiça brasileira cumpriu assim seu dever". Para Gabrielle, porém, que se revoltara contra a interdição, ele sempre foi visto negativamente, como um *nefasto*.

A reação de Gabrielle foi violenta. Quase dois meses depois da sentença de interdição (em 18 de junho de 1935), escreve uma longuíssima carta furiosa, deblaterando contra os "estúpidos parente do ingrato Georges", que são os destinatários:

Querendo roubar-me me vida até minha liberdade, sossego e faculdades mentais, serviram às mil maravilhas à escroqueria cosmopolita no Brasil.

Passando em minha casa Paissandú 30, arrombada pelo Fórum como reles gatunos, chamei o soldado que a guarda.

– O que faz aqui?

A senhora desta casa faleceu, não há herdeiros forçados, a casa ficou interditada, ficando tudo para o Governo.

– Quem te disse isso?

– Os soldados todos assim falam a toda gente.

Canalhismo! e pelos tribunais terem me roubado outrora para servirem a piratas querem agora abafarem os crimes todos roubando-me o resto – com o pretexto que não quero fazer concordatas e levantando infâmias contra mim! (...) Ora, o pobre Gustave (morto desde 1931) bem tinha razão em dizer-me

– O teu dinheiro foi feito honestamente pelo Georg por amor a ti, a única herdeira universal (...) mas você tem aumentado bem a fortuna em vez de desperdiçá-la (apesar de todos os miseráveis roubos sobre teus calcanhares), cobiçam-na arrependidos agora de não terem te dado companhia, carinho e consolo na tua desventura.

146

Manchetes do jornal *A Noite*.

Foto feita pela autora.

>(...) O curto-circuito de seqüestros que fizeram em redor de minha casa (como tua vizinha) e tudo o mais sem nunca convidar-me para um aconchego de família evitando-me mesmo distrações, impedindo-me de ter amigos...

Conta ainda que levaram seu massagista ao Fórum para depoimentos falsos. Afirma que, enquanto respirar, não reconhecerá a tutoria. Orgulha-se de como tratou sua fortuna, que não a des-

147

perdiçou com gigolôs, como outras. Reclama de todos processos injustos que se apropriaram de seus bens e termina: "É colossal de monstruosidade a selvageria dos Tribunais brasileiros!"

Ela afirmou à imprensa em 1937 que queria continuar a viver em sua casa da Rua Paissandú, mas como a Polícia vigiava a mansão de maneira permanente, preferiu fugir e esconder-se, sob a própria iniciativa, assessorada por advogados e médicos, alguns melhores outros piores. Escreveu Georges: "Deixando-se explorar por inescrupulosos jornalistas, advogados, um ou dois médicos, que abusaram vergonhosamente de seu estado (...)." Afirmou que faziam *injeções suspeitas*, algo de que também Gabrielle se queixou em seus protestos.

Não somente o irmão, mas ela mesma interpretou ao menos parte de seu tempo de desaparecimento como seqüestro, durante o período em que estava assessorada por um desses advogados no mínimo duvidosos: Paulo Rappaport, com escritório à Rua da Alfândega, 47, 5º andar. Foi uma grande surpresa para mim descobrir a ação desse advogado, casado com a herdeira Eva Klabin. Os documentos da Casa de Ruy Barbosa trazem um prontuário policial da 2ª Vara Criminal, de inquérito realizado em 19 de fevereiro de 1938: as sindicâncias teriam indicado que ele seria um austríaco naturalizado brasileiro, que se dizia israelita para agradar o rico sogro paulista Klabin. Seria um

> mau elemento dado a prática de atos que ferem a moral e os bons costumes (...)vive envolvido em casos amorosos sendo inúmeros os casos que enchem sua vida de moço bonito, casado com mulher rica (...) conclui-se que não é um explorador comum de mulheres, um caften vulgar desses que recebem dinheiro da própria mulher e sim um homem que se vale da apre-

> sentação de mulheres bonitas e chics, especialmente estrangeiras chegadas ao Rio há pouco tempo e de pessoas altamente colocadas para obtenção de favores para suas negociatas, o que é uma modalidade nova de caftismo (...).

Ainda está registrado que Rappaport mesmo teria declarado "agir por detrás da cortina", que anda sempre com estrangeiros em "atividades incertas". Segundo relatos que encontrei, ele trabalhava com o dinheiro de Gabrielle em seu nome e teria posto seu chofer para morar na casa da Rua Paissandú, onde foram noticiadas pelos vizinhos atividades noturnas no mínimo estranhas; há também comentários de que não pagaria as contas de Gabrielle. É preciso dar um desconto à rígida moral e legislação da época e ao nítido preconceito nacionalista que grassava no país durante a Segunda Guerra Mundial (lembro-me de minha infância em que alemães e japoneses eram olhados no mínimo de viés). Mas chocou-me pensar em Gabrielle nas mãos desse pretenso defensor, e penso não haver nessa afirmação qualquer pieguice. Entre muitas cobranças que Georges fazia ao tutor encontramos a pergunta: "Que providências tomou sobre o Rappaport e sócios que exploram escandalosamente a infeliz seqüestrando-a conforme dizem as Casas de Saúde?". Pede que se responsabilize o advogado das contas do Hospital dos Estrangeiros, pois o boletim de internamento está assinado por ele em nome de Mme. Sampaio. Jacobina Lacombe aponta como negativo o fato de que ele teria sido sócio de Assis Chateaubriand.

Ao procurar driblar a família e sua tutoria, Gabrielle tornou-se cada vez mais uma pessoa fora do comum e misteriosa. Esses foram anos em que sua vida parece ter despencado ladeira abaixo, pois nessa fuga para escapar ao controle sobre sua vida passava seu tempo sob nomes falsos em diversos hotéis e hospitais em diferentes cidades[69]. Carregava consigo malas cheias de papéis, jóias e somas de dinheiro; ao que parece, algumas dessas malas acabavam guardadas *sine die* em bancos ou hotéis, algo comprovado desde o segundo testamento em 1924, quando ela mencionou "jóias, roupas e malas com objetos guardadas nos hotéis Glória e Estrangeiros do Rio". Um memorial que Jacobina Lacombe redigiu sobre o caso, creio que para seu próprio controle, afirma que em abril de 1935 ela já havia liquidado grandes quantias nos bancos, sempre acompanhada por "um senhor desconhecido que ela não apresentava e era quem recebia e contava o dinheiro junto com ela. Parecia- tratar-se de um tal de Inojosa, sócio de Rappaport".

O primeiro hotel que encontrei mencionado como seu refúgio, ainda em 1935, foi o Hotel Vista Alegre, em Santa Tereza, e a primeira Casa de Saúde foi a Nossa Senhora Aparecida, em Botafogo, na Rua D. Mariana, 184. Embora sua família a temesse desaparecida ou seqüestrada, o sobrinho predileto Paulo afirmou depois que ele e sua mulher a visitaram logo no início em 1935 no Hospital dos Estrangeiros, no Rio de Janeiro. Do Rio ela foi para Poços de Caldas, em um hotel onde, segundo se queixou, "tentaram envenená-la com a sopa". Acudiu-a nesse momento o Professor Henrique Roxo, médico psiquiatra do qual era antiga cliente (encontrei recibos deste de 1922) e que a acompanhou de forma intermitente mais para o final; parece ter sido ele quem a enviou para Santos, embora tenha achado registrado também pela mão da própria Gabrielle que teria sido seu advogado Stélio Galvão Bueno quem a convencera.[69] Em fevereiro de 1937 ela se hospedou no Hotel Parque Balneário de Santos. De lá para o Guarujá no Hotel de La Plage e, em 3 de Março de novo para Santos, porém agora em um

69. Henrique Roxo foi catedrático da Faculdade de Medicina do Rio de Janeiro; escreveu um *Manual de Psiquiatria*. Atualmente há no Rio de Janeiro um sanatório com seu nome.

hospital, a Beneficência Portuguesa, onde foi de *motu* próprio, conforme encontrei por ela registrado. Seguiu-se uma transferência para o Hospital Alemão em São Paulo, sob o nome falso de Madame Buarque Schmidt ou Smith (as duas versões aparecem). Entre os nomes falsos empregados na fuga encontram-se ainda Madame Sampaio e Madame Sievig (um dos prenomes de Brune).

Datada de fevereiro de 1937, uma folha de caderno, escrita à lápis e em inglês por um detetive, dava a Georges notícias sobre Gabrielle:

> Ela está aparentemente doente, sofrendo de uma coisa ou outra sobre a qual ninguém sabe nada. Ela teve diversos médicos, mas todos desistem dela. O atual a servi-la é o dr. João Olavo, e eu entendo que de vez em quando ele arranja desculpas para não vir vê-la e ela fica furiosa (...) O porteiro-chefe do Hotel faz com que ela fique o mais confortável possível e poucas vezes ela vai ao salão-restaurante para suas refeições. Está registrada em seu próprio nome em um apartamento de luxo no hotel Parque Balneário. Ouvi que pediu uma enfermeira. O Hotel arranjou uma de ótimo nível e ela foi ver Mrs. Gabrielle mas saiu furiosa porque seu salário seria 30 réis por mês.

Em carta ao irmão, posteriormente, ela reclamou da "espionagem vulgar a que a submetiam" e afirmou seu protesto recorrente: "Enquanto respirar, serei mulher livre e independente."

Um incidente determinou o interesse da imprensa por ela: em final de agosto de 1937, o Banco Holandês Unido do Rio de Janeiro procurou o poder judiciário para saber que destino deveria dar a uma mala que sua cliente Gabrielle Brune-Sieler deixara sob a guarda do Banco. Assim começou na imprensa a "história da mala cheia de ouro" que conteria "cerca de 1.500 contos", mistério que de imediato levantou interesse e sensação (segundo Georges, a mala teria 320 contos e jóias avaliadas em 550 contos). Alguns jornais se interessaram pela dona da mala, a *milionária desaparecida* e repórteres saíram à sua caça.

O jornal *A Noite* levou a melhor, pois um de seus repórteres logo localizou a fugitiva. E em 31 de agosto de 1937 surgiram nas primeiras páginas de *A Noite* manchetes em letras garrafais: "O drama de Gabriela Brune – Desconhecido o paradeiro de Gabriela Sieler! – Sombrio epílogo de uma vida de fausto – Está em São Paulo!" Na primeira reportagem o jornalista narrou como forçara o diretor do Hospital Alemão, na Rua João Julião (hoje ainda um dos melhores hospitais de São Paulo, o Hospital Oswaldo Cruz), a admitir a presença de Gabrielle no estabelecimento, onde ela já estava há 17 dias sob nome falso.

A imprensa passou a especular de forma bastante fantasiosa – pois o tema a isso se prestava – sobre os bens dela no Brasil, mencionando sobre comentários que se dariam "nas rodas forenses, (...) que na casa da Rua Paissandú existia cerca de mil contos de raridades". Um jornalista afirma que conseguiu ler os autos e que "os bens estão avaliados muito abaixo de seu valor real." *A Noite* passou a investigar o dinheiro dos dividendos que ela deixara de receber desde 1914, posses "seqüestradas durante a guerra européia pelo governo canadense". E a reportagem pondera sobre a questão: "E foi talvez desse excesso de riquezas que decorreram as cruéis vicissitudes que no presente lhe amargam a existência".[70] Surge ainda a especulação sobre uma segunda mala igualzinha, deixada em um hospital do Rio de Janeiro. Georges registrou a solene e oficial abertura de um cofre do Royal Bank que finalmente guardava meros papéis sem valor ou importância.

70. Jornal *A Noite*, 1/09/1937, primeira página. O gosto pelo sensacionalismo deste jornal se evidencia em outra notícia de primeira página "Ressurge o King Kong em Goiás!" É uma reportagem sobre um *animal monstro* que, às margens do Rio Araguaia, estaria matando rezes.

Surgiram repetidas e fantasiosas versões da vida pregressa de Gabrielle, variando o relato nas sucessivas edições (manhã, vespertina e noturna). A publicação de detalhes de sua vida íntima – verdadeiros, confusos ou falsos – aumentou o interesse dos leitores pelo caso. Foi nesse momento que "durante mais de 3 horas a milionária narra à reportagem d´*A Noite* a sua novelesca e atribulada existência". Segundo a manchete, essa é "uma história em que há muita fantasia". O mais espetacular exemplo de fantasia, entretanto, me parece vir da própria imprensa. O *Correio da Manhã* de 28/08/1937, logo antes da descoberta de seu paradeiro, publica "a história sombria de uma milionária":

A vida dessa setuagenária é uma página palpitante de novela, cheia de matizes sombrios, salpicada de episódios que se desenrolaram na crônica policial e na justiça de vários países da Europa. Ainda solteira, Gabriela já se agitava em processos policiais na França, Áustria, Alemanha, Itália e outros centros europeus, acusada de participar da indústria do amor alheio, promovendo a perdição de jovens inexperientes. Casou-se com um homem rico, Jorge Brune, que morreu poucos anos depois, deixando-lhe uma fortuna regular. Procurando campos novos para seu infamante comércio, Gabriela veio ter ao Brasil. Fixou-se no Rio de Janeiro, contraindo matrimônio com o banqueiro alemão Franklin Willyxito. O casal foi residir em São Paulo, onde o banqueiro morreu de maneira seriamente comprometedora para Gabriela. (...) Ela foi acusada de ter morto o marido, porém a justiça a absolveu, por falta de provas. A viúva veio então para o Rio, com a fortuna consideravelmente elevada por uma herança riquíssima. Passou a residir no nº. 46 da Rua Paissandú, de sua propriedade. Continuando na sua antiga vida, a já então milionária transformou a sua casa num centro de reuniões amorosas, facilitando encontros entre a gente do 'grand-monde' com os quais fazia lucros enormes. Por sua vez, ela também era explorada por uma legião de rapazes chics, que encontravam na generosidade da milionária um veio fértil e sempre produtivo. Até as pessoas de certa responsabilidade começaram a se aproveitar da fortuna da velha. O seu irmão Jorge Masset, depois de conseguir dela trezentos contos de réis para adquirir a casa em que hoje reside, à Rua Paissandú nº. 1, resolveu dar um paradeiro aos gastos excessivos de Gabriela. E apresentou queixa à 1ª Vara de Órfãos e Ausentes.

Ofendido com as suspeitas acima mencionadas e que o mostravam como que aproveitando-se da situação difícil da irmã, Georges apresentou protestos (que constam dos autos consultados) contra os exageros de *O Globo e Correio da Manhã*.

Como Gabrielle era uma *fugitiva da justiça*, seu tutor Aragão foi logo a São Paulo acompanhado do sobrinho Paulo. A entrevista de Gabrielle à imprensa nessa oportunidade revela em relação ao tutor uma raiva que a deixava "alterada (...) Eu não o impugno, repugno-o!", teria dito ao jornalista. O mesmo registra que na despedida Gabrielle lhe fez um apelo "para que estampássemos o seu nome em letras garrafais, e que suas declarações saíssem com destaque para comover a alma de seus perseguidores e provocar o interesse dos governantes e dos magistrados impolutos da pátria para uma questão que é de vida ou de morte para ela".

As despesas dessa viagem foram de 2.500 contos, cobrados pelo tutor, e o parecer do Curador ao autorizá-las (aparentemente só procurava proteger suas finanças, atitude que Georges elogiava muito em suas anotações) achou a quantia muito alta e escreveu à mão: "Não se pode ser mais realista do que o rei!" Segundo a imprensa, o tutor teria dito que Gabrielle teria somente cinco contos de réis com ela; ele pretendia trazê-la ao Rio de Janeiro, mas retornou em 4 de setembro deixando-a em São Paulo sob tratamento, "cercada como convinha, de todo o conforto e de todas as atenções". O médico do Hospital Alemão que cuidava de Gabrielle, Dr. Helmudt Fladt (com consultório na Praça Ramos de Azevedo, 16), achava que ela não deveria ser imediatamente removida, talvez só depois de um mês. Encontrei uma carta dele de três meses depois na qual reclamava do atraso do pagamento de mais de dois meses do Hospital Alemão.

Tudo que se gastava com a *interdita* (como ela é referida nos documentos forenses), seja no hospital (saúde, roupas, enfermeiras) seja nas custas do processo (as despesas do tutor, dos bens de Gabrielle), parece estar registrado nos documentos e nos papéis de Georges; é difícil ter uma visão mais organizada, porém um documento de novembro de 1937 (com três assinaturas não identificáveis) registra que "a receita de D Gabrielle poderá orçar, no próximo ano, a cerca de R$ 180:000,000, com tendência a aumentar, sempre, todos os anos. Em conclusão: arbitramos em seis contos de reis (R$ 6:000.00) a importância que pode ser despendida mensalmente, para a interdita, pelo seu Curador".

Depois da interdição, durante dois anos os imóveis não foram alugados, embora disso se cogitasse desde dezembro de 1935, e esses, assim como o automóvel, foram se degradando. Em final de 1937 a tutoria organizou um leilão da casa da Rua Paissandú, de móveis, jóias e do carro; certidões vindas de São Paulo tinham atestado que Gabrielle não mais ocuparia sua casa, devido à saúde frágil e ao grande número de escadarias; Georges também atestara a opinião da família de que ela não mais seria capaz de administrar-se e administrar a casa na situação em que estava. Em carta ao advogado Stélio Galvão Bueno, ela pergunta sobre o aluguel de sua casa que abandonara e sobre o estado de "mobílias ricas, pratas (enorme quantidade), estátuas de mármore e bronze, quadros de valor a óleo, meus retratos, aquarelas, tapetes persas, cortinas ricas, piano, diferentes máquinas, vitrolas etc. etc." Pede indenização, se estragados, sobretudo "nos armários cheios de vestidos, peles, casacos, sapatinhos, chapéus, sombrinhas, lingerie etc. etc". E invectiva: "Isso, naturalmente, o Governo poderá presentear ao seu pessoal gatuno e criminoso, quando restituir-me outros mais modernos." Reclama dos médicos legistas do Governo, *desmiolados* que lhe deram diagnósticos para a interdição. Nessa carta diz que foi esse advogado quem a aconselhou a ir para São Paulo e "que ficava aí para defendê-la e reaver seus direitos". Aliás, um detalhe do memorial de Georges me pareceu engraçado: depois da casa fechada, o Curador, não sabendo o que fazer de um cachorro, levou-o para a casa de Georges, dizendo que seria por 24 horas; Georges registrou, com sua permanente preocupação detalhista, que o cão acabou ficando com ele por "205 dias e algumas horas".

Há inúmeras folhas das despesas do antes, durante e após o leilão realizado pelo leiloeiro público Horácio Ernani de Mello, inúmeras listas dos inúmeros produtos de cada cômodo que foram vendidos e com seu respectivo valor (pela descrição, fariam o prazer de nossos atuais antiquários e feirinhas de antiguidades). Os que não alcançaram a avaliação anteriormente feita não foram vendidos. Georges e a família tinham protestado contra a venda das jóias, avaliadas por volta de meio milhão de réis e cuja venda nessas condições seria "irrisória e prejudicial"; só tendem a valorizar, escreve ele, e entre essas "deve haver pequenas lembranças de família, inclusive objetos que pertenceram à nossa idolatrada e heróica mãe". Gabrielle, em veementes telegramas, também protestara, de forma coerente e consoante a família, contra o leilão de suas coisas, que, nessas más circunstâncias, teriam um "mau resultado financeiro".

Entre os papéis forenses uma satisfação me estava reservada (senti certa vingança minha sobre aqueles detratores de Gabrielle, ou seus *inimigos* como ela os designava, ou seus "embustores que a deixaram de tanga", como se lê na entrevista de *A Noite*): descobri que Gabrielle conseguiu reaver parte de sua fortuna internacional desaparecida. Estava aplicada em títulos da *Brazilian Traction Company*, seqüestrados pelo Governo Canadense durante a guerra, pois pensavam que Brune era alemão. Segundo se pode entrever pela extensa troca de cartas entre advogados americanos e canadenses e a tutoria no Brasil, os títulos estiveram desde o início depositados no próprio Rio de Janeiro, no tão detestado B.Bank, aquele que, segundo Gabrielle a "perseguia". Quando o banco foi liquidado, lá pelo final da segunda década do século, a papelada seguiu para Londres, e passou para o Deutsche Bank.

Em 1934 o intermediário internacional Mr. Leslie, do Gabinete do Depositário dos Bens do Inimigo Estrangeiro, contatara Gabrielle e recebera de volta várias cartas "escritas da maneira mais incoerente e desconexa" o que dificultava o "juízo sobre as ações". Mas depois, em maio de 1937, acabou descobrindo a tutoria, a quem informou que "a Sra. Brune Sieler tem direito aos três grupos de ações". Finalmente, outro papel registra que o advogado W. Murdock e Mr. Leslie, os dois de Ottawa, no Canadá, receberam 33% da soma total reavida (quantia acima dos 30% que Gabrielle lhes prometera, mas que, segundo o juiz, "dada a distância do lugar" onde os serviços foram prestados, era plenamente justificável). Os anos de muita luta parecem ter se explicado também por um erro aparentemente banal: nas aplicações, o prenome de Brune era Sievig (um dos cognomes da várias Madames que Gabrielle assumiu) e não Georg ou Eduard. Uma carta de 23 de novembro de 1937, documento do gerente do The National City Bank of New York, comunica que vão vender os bens de Gabrielle em sua matriz, cobrando 1% sobre o total, além de impostos e corretagem de títulos, traduções etc. Mas os vai-e-vem são confusos e não pude avaliar numericamente essas quantias recuperadas. O que conta, a meu ver, é que Gabrielle não desfrutou de nem um tostão dos dividendos atrasados desde 1914, nem das vendas dos títulos de Nova York e creio que nem mesmo teve consciência desses bons resultados parciais de sua luta de décadas.

Do Grande Hotel do Guarujá, em final de agosto de 1937, Gabrielle escreve uma longa carta a seu então advogado encarregado de levantar a interdição, Stélio Galvão Bueno. Provavelmente em resposta à carta dele que reclamava que ela sumira e ele ficara sem saber o que fazer: "Conforme falamos no Rio, escrevi-lhe inúmeras vezes avisando-lhe de todas as minhas estadias, que, aliás, já pela ficha de polícia podiam ser facilmente achadas."

Culpava pelos malentendidos a *insensatez do estado de guerra*. "Estou recuperando bem aqui, e o coração mais forte das afrontas que o molestaram (...)." Resume suas perseguições sofridas e "todas as ciladas que praticaram contra mim, algumas não há perdão possível, e foi o que insensatos, Governo, magistrados, médicos, advogados ganharam quando doidos varridos com tanta patifaria monstra que fizeram aos meus direitos legítimos". "Discute então de forma correta, ao que parece, de seus bens e negócios, pagamentos, devedores (...)".

Foi transferida em setembro de 1938 para a Casa de Saúde São Sebastião, na Gávea. Certamente determinaram sua volta cartas escritas ao tutor em maio de 1938 pelos médicos H.Fladt e o psiquiatra Thomé de Alvarenga, especialista de moléstia nervosas e mentais da Casa de Saúde Dr. Homem de Mello. Fladt escreve que "seu estado de saúde é altamente satisfatório mesmo que muito lábil. Toma remédios para o coração, passeia no jardim, e se restabelece num período relativamente curto (...) a transferência não só seria possível como desejável". O psiquiatra atesta que

> seu estado geral de saúde é bastante precário (...) A mudança para o Rio seria ótima, pois aí encontraria um clima mais adequado ao seu mal (ele aludia a uma dispnéia, tipo de asma) D. Gabriela se recusa, porém, terminantemente em ir para lá, e (...) tal contrariedade seria também nefasta ao seu estado geral de saúde.

71. Lourdes era filha de Raul de Morais, o pernambucano pianista, compositor e ensaísta do Bloco das Flores, cantado por Capiba e Nelson Ferreira no famoso frevo *Evocação número 1*, que estourou no Carnaval de 1957. O neto Paulo não se formou e há uma certa fama familiar de *preguiçoso*; suponho que possa ter vivido próximo à tia tanto por pena de sua situação como para obter algumas vantagens.

Pareceu-me que a transferência não os assustava mais como há quase um ano antes e, possivelmente, os médicos não se sentiam mal de se desvencilhar do caso de uma pessoa tão complicada e tão sozinha.

A viagem se deu acompanhada pelo tutor, pelo sobrinho Paulo, pela mulher deste, Lourdes, e por um inspetor paulista, Gipapá Bernardes Barretto.[71] Na documentação relata-se que o inspetor retirou da bolsa de Gabrielle "um revólver e um punhal", mas conta-se na família que Paulo, no trem, teria tido que tirar da bolsa da tia o *eterno revólver*. Paulo afirmou ao tutor ter estado em contato por carta com Gabrielle há algum tempo, tentando convencê-la a vir para o Rio de Janeiro.

De retorno ao seu local de origem, alguns papéis guardados por Georges mostram como Gabrielle continuou lutando até o final de sua vida, em telegramas que enviava freqüentemente a advogados como Stélio Galvão Bueno ou aos sobrinhos Paulo e Lourdes. Além da cobrança dos direitos, a maior cobrança era: "Recuso ficar enterrada antes de falecer, tenho direito de viver como todos."

Gabrielle morreu na casa de saúde quase dois anos depois, aos 64 anos, em 5 de setembro de 1940, possivelmente arterioesclerótica e senil, como atesta o processo de anulação. Tendo o féretro saído da Casa de Saúde São Sebastião, foi enterrada como pedira no Cemitério São João Baptista, no mesmo belo túmulo *art nouveau* já descrito e onde jaziam seus dois maridos.[72] Encontram-se na imprensa agradecimentos em nome da *infeliz Gabriella* por parte das famílias Masset, MacNeill, Braconnot e Schieck. Encontram-se também mais manchetes sensacionalistas sobre a "milionária em seis nações" e algumas fotos: "Lá se vai como uma qualquer a milionária da mala de ouro e Morreu como indigente possuindo milhares de contos!" Georges resume para a imprensa o que tem a dizer sobre sua *infeliz irmã*: em sua família são todos "brasileiros natos, bem cariocas e mantemos relações com pessoas de alto conceito aqui no Rio. Há infelizmente esse caso doloroso da Gabriela. Ela sofria de mania de grandeza e de perseguição". Afirma que ela morreu de repente e ficou sem extrema-unção, mas sempre "aos domingos enviavam-lhe flores e bombons". Para ele, a imprensa exagera no valor dos bens deixados e afirma que ele e as irmãs deverão ser os contemplados.

Morta sem descendentes diretos, como já se sabe, a maior parte de seus parentes não aceitou que sua imensa fortuna lhes escapasse das mãos. Poucos meses depois de sua morte, em abril de 1941, a 1ª Vara Pública de Órfãos recebeu um pedido de anulação de seus dois testamentos. Os requerentes afirmavam que "os herdeiros seriam os irmãos vivos e os sobrinhos filhos dos irmãos

72. Até minha última visita, nem o nome dela nem o de Sieler constavam da lápide do túmulo, mas pela administração confirmei que os três foram lá enterrados.

Túmulo de Gabrielle e seus dois maridos no cemitério São João Batista.

pré-mortos", pois ela não tinha descendência direta. Três irmãos ainda viviam: Georges Masset, identificado na petição como quem trabalhava no comércio e corretor de fundos públicos da Bolsa; Eugénie Antoinette MacNeill, identificada com professora de aulas particulares de inglês; e Anna Masset Braconnot, sem identificação. Queriam demonstrar que ela teria sido, desde o final dos anos 1910 inapta a testar, ou seja, incapaz de decidir sobre o destino de seus bens. O processo de anulação constituiu-se fundamentalmente em dois momentos: a primeira petição acabou sendo indeferida, e a apelação iniciada poucos dias depois acabou por dar ganho de causa à família, anulando os testamentos.

A minha Gabrielle

Parte III

73. Eu me identifiquei muito com a atitude do cineasta e documentarista Eduardo Coutinho que, ao discutir a legitimidade do documentário, afirmou: "Legitimidade é uma questão puramente moral e ética que se deve ter para com a outra pessoa, o compromisso de poder dizer: 'Esse é o melhor retrato que pude fazer dessa pessoa, é um belo retrato e eu amo esse retrato'." Ver Maria Dora Mourão e Amir Labaki, *O Cinema do Real*, São Paulo, Cosac & Naify, 2005, p. 126.

"Já disseram que minha vida é, a um só tempo, romance, tragédia e drama."
Gabrielle ao jornal *A Noite*, em 1/09/1937

"Sou doido? Não. Na nossa casa, a palavra doido não se falava, nunca mais se falou, os anos todos, não se condenava ninguém de doido. Ninguém é doido, ou, então, todos."
João Guimarães Rosa,
"A Terceira Margem do Rio", em *Primeiras Estórias*

"Esse é o melhor retrato que pude fazer dessa pessoa, é um belo retrato e eu amo esse retrato."
Eduardo Coutinho[73]

Já faz certo tempo que parte dos chamados acadêmicos deixaram de acreditar que há uma objetividade total de um estudioso em relação a seu objeto de análise, qualquer que seja este (a objetividade era ligada à grande crença na ciência durante o século XIX, o cientificismo – seja positivista, seja marxista – que acreditava na neutralidade do cientista). Quanto a se escrever a história de uma pessoa, admite-se hoje que o biógrafo se sente em geral atraído e próximo de seu biografado. Desafiada a pesquisar a história de Gabrielle, ao contrário do que aconteceu em relação à sua mãe Eugénie, foi difícil eu dela me aproximar. A razão disso era um meu movimento interno complexo, ao mesmo tempo de atração/medo/repulsa, causado pela loucura.[74] Aos poucos, entretanto, fui me dando conta de que ela não era uma *louca de hospício* (como se dizia antigamente) e fui me compadecendo, creio que sem nenhuma pieguice, pois ela foi prisioneira e vítima de uma terrível memória familiar. Mas ao contrário de Eugénie – a romântica, a heroína amante, mãe e professora com a qual eu me identificava mais rapidamente –, eu não admirava Gabrielle, pois a luta de sua vida parecia-me ter sido toda em torno de dinheiro.

O predomínio de uma ambição financeira me desagradava muito; sua busca constante do que me parecia ser um dinheiro do qual ela não necessitava ou conseguiria usufruir, me parecia tê-la acorrentado a uma vida de reivindicação e ganância e era algo que me incomodava muito. Mas depois, passo a passo minhas descobertas sobre sua vida, embora me permitindo mais suposições e reflexões que verdadeiras conclusões, me levaram a supor: estaria ela a serviço do dinheiro, querendo sempre mais, como eu imaginava no começo, ou seria alguém que lutava por ser independente em seus caminhos, que exigia da vida todos os tipos de direitos que acreditava ter? Ou seria um pouco dos dois? Praticamente todos os documentos reivindicatórios – dossiês, relatórios, cartas, telegramas e mesmo declarações verbais de Gabrielle – põem uma grande ênfase em seus direitos, que ela considerava a base de toda sua luta. Aos poucos, minha experiência pessoal com ela me confirmou o que fui aprendendo aos poucos na vida: tentar entender uma pessoa é aceitá-la, é (certamente – ou quase?) dela gostar.

74. Na minha adolescência a loucura constituiu, junto com *aquela doença*, cujo nome não se pronunciava – o câncer – meus dois maiores temores, seguidos de perto do medo de ficar *solteirona*.

75. O juiz refere-se ao verso de Dante: "No meio do caminho desta vida, me vi perdido numa selva escura, solitário, sem sol e sem saída. Ah, como armar no ar uma figura desta selva selvagem, dura, forte, que, só de eu a pensar, me desfigura?" (trecho inicial de *Inferno*, Canto I, em tradução de Augusto de Campos). No original: "Nel mezzo del cammin di nostra vita mi ritrovai per una selva oscura ché la diritta via era smarrita. Ah quanto a dir qual era è cosa dura esta selva selvaggia e aspra e forte che nel pensier rinova la paura."

76. Enquanto trabalhava no capítulo, em outubro de 2006, assisti ao filme-documentário de Marcos Prado *Estamira*, que trata extremamente bem desse tema.

E então eu dela me aproximei, como em geral acontece com os biógrafos, e me senti bem melhor.

Meu trabalho como historiadora realmente avançou quando percebi que eu não tinha que decidir sobre um diagnóstico de suas faculdades mentais. Edgar Ribas Carneiro, que validou os testamentos em sentença de 7 de janeiro de 1944, caracterizou o caso como de "extrema delicadeza, porquanto projeta na tela judiciária um caso de psiquiatria, ciência que se mantém esquiva à perquirição dos mais doutos". E descreve: "os autos acondicionados em três volumes, sendo os dois primeiros grandemente alentados, compreendendo o processo extensas alegações, copiosa documentação e desenvolvidos laudos de psiquiatras, o que tudo me fez recordar aquela tremenda 'selva selvaggia' com que Dante inicia a *Divina Comédia*."[75]

Embora por vezes me pegue escorregando numa preocupação com um diagnóstico preciso, escapei da armadilha que inicialmente me montara o processo – peça fundamental e inicial de minha busca por Gabrielle – e ficou claro o que me cabia fazer, como historiadora e biógrafa: pesquisar e mostrar como, por que e por quem ela fora julgada e memorizada como louca. Fui me dando conta de algo que alguns olhares – como o artístico (e a epígrafe de Guimarães Rosa é colocada para ressaltar isto), ou o da psiquiatria, por vezes o do chamado bom senso – enxergam há tempos: a dificuldade de definição das fronteiras entre a razão e a desrazão, a chamada loucura.[76] Fiquei muito satisfeita por cruzar com esse pensamento expresso em um livro biográfico que acho exemplar. Sua autora, Janet Malcolm, estudou a vida de Sylvia Plath (poeta americana que se suicidou aos 30 anos, em 1963) mostrando, através desse exemplo, as dificuldades para se fazer uma biografia. E, fazendo suas as palavras de outra autora, afirma: "Não aceito a leitura segundo a qual essas imagens são uma prova de sua patologia. Não estou interessada em saber se ela era patológica ou não. Acho que ninguém sabe e só podemos fazer observações do tipo ela era patológica se estivermos absolutamente seguros de nossa própria sanidade, o que considero uma posição moralmente inaceitável".[77]

Como a finalidade primeira do processo era anular os testamentos, mostrando sua autora sem capacidade para testar, para os juízes, baseados nos peritos psiquiatras, era preciso definir quando teria ocorrido a ruptura de seu equilíbrio. Do ponto de vista médico e legal, a questão de uma definição da capacidade de testar era muito polêmica, como se percebe ao longo do processo. Gabrielle é apresentada desde jovem como uma pessoa *fora do comum* e de *temperamento constitucionalmente exaltado, bizarra, excêntrica, estranha* – no mínimo, alguém que não estava em seu *perfeito juízo*. Para um único juiz a loucura já vinha desde a meninice, agravada pela educação. Para maioria dos pareceristas, porém, foi em 1912, depois que enviuvou pela primeira vez, que ela teria se tornado *paranóica*, o que daí por diante conduziria todo seu comportamento. No processo procura-se destacar como ela se sentia doentiamente perseguida, referindo-se a várias denúncias de Gabrielle de ameaças de violência física, envenenamento e morte como invenções de uma cabeça perturbada; contudo, pelo contrário, não se pensa em dar um peso mínimo que seja à real tentativa de assassinato que Gabrielle sofrera por parte de Sieler ou às graves decepções com atitudes indevidas (para se dizer o mínimo) e investidas de advogados inescrupulosos e aproveitadores. Suas variadas falas e decisões, das mais simples às mais estranhas, são mostradas como desusadas e mesmo *delirantes, querelantes* ou *paranóicas*. Algumas dessas - que poderiam ser vistas ou como compreensíveis ou desculpáveis dentro de toda a seqüência dramática da vida de Gabrielle, ou como prova de mera originalidade de sua

77. Janet Malcolm, *A Mulher Calada: Sylvia Plath, Ted Hughes e os limites da biografia*, São Paulo, Cia. das Letras, 1994, p. 187. Na mesma linha, podemos brincar a sério, afirmando com Caetano Veloso que *de perto ninguém é normal*.

78. Da mesma forma, atitudes próprias da *galanteria feminina*, talvez por muito tempo reprimidas por D. Yayá, ganharam classificação moral, uma vez que consideradas indicadoras de *alteração dos sentimentos éticos*, principalmente do *pudor natural do sexo*. A autora afirma que "no caso das mulheres, ela (a loucura) era atribuída a distúrbios relativos a seu papel sexual e social(...)"

79. O caso da lendária D. Yayá tem aparecido nos últimos anos na imprensa paulistana em função da casa onde ela morou, que se tornou monumento do Patrimônio Cultural da Universidade de São Paulo (USP). Ver Marly Rodrigues, Comissão de Patrimônio Cultural da USP, *A Casa de Dona Yayá*, São Paulo, EDUSP, 1999. A autora baseia-se, para compreender D. Yayá, entre outras fontes, na obra de Maria Clementina Pereira Cunha, *O Espelho do Mundo: Juquery, a História de um Asilo*, Rio de Janeiro, Paz e Terra, 1986, que estu-

autora – foram mostradas como evidências absolutas de loucura. Foram os pareceres a seu favor que me selaram um outro olhar possível sobre sua vida e comportamento, permitindo-me mesmo admirá-la e dela inevitavelmente me compadecer.

Em minha tentativa de entender Gabrielle, dois eixos de análise indissociáveis se impuseram como fundamentais: o fato de ela ser uma mulher e o fato de ela ter sido apontada como "*louca*". Os dois eixos – bastante imbricados – me parecem iluminar suas relações com a sociedade em que viveu.

Foi a apontada loucura que trouxe *tia Gabriela* para minha vida; pois a Gabrielle L. M. Brune-Sieler tem sido memorizada única e exclusivamente e por décadas como a *tia Gabriela*, uma l*ouca varrida* (como também se dizia...). Nos últimos anos cruzaram meu caminho duas histórias de vida de mulheres da passagem do século XIX para o XX, que apresentam lances de vida parecidos com o caso de Gabrielle: a brasileira Sebastiana de Mello Freire, conhecida como D. Yayá, e a portuguesa Camila Joaquina da Conceição, por casamento Ferrer de Lima.

Yayá, nascida em 1887 de família de proprietários de terras, tornou-se única herdeira de grande fortuna pelo desaparecimento trágico de seus pais e seu único irmão. Segundo se conta, desde 1918 teve a primeira *demonstração de desequilíbrio emocional* que, segundo médicos, evoluiu para um tipo de *paranóia de perseguição* e depois *psicose esquizofrênica*. Foi internada em 1919, depois de uma tentativa de suicídio. Interditada, seu estado mental de saúde foi objeto de exploração pelo semanário *O Parafuso*, que se aproveitou do "mistério e da eterna atração pela riqueza e pela loucura, traição, atitudes heróicas próprias do estilo romântico".[78] Seus primos disputavam o controle de sua fortuna e sua herança; depois de longa disputa judicial, seus bens ficaram para o Estado de São Paulo.[79]

Camila Joaquina da Conceição, de origem simples, belíssima segundo a memória familiar, casou-se em Portugal por volta de 1880 com seu patrão Ferrer de Lima, rico proprietário de uma indústria química e de uma fábrica de cervejas. Passaram posteriormente a morar no Rio de Janeiro e tiveram quatro filhas, das quais apenas uma, nascida em 1889, sobreviveu. O marido quis se separar de Camila e, como eram casados com comunhão de bens, encontrou como solução para seus interesses declará-la louca e interná-la no Hospício D. Pedro II, contando à filha de cinco anos que a mãe falecera. Quando a filha estava já casada, a mãe conseguiu burlar a rígida vigilância do Hospício, localizar a filha e enviar-lhe uma carta. O ex-marido ainda vivia, mas a filha, ao saber da verdadeira história de sua mãe, retirou-a do Hospício e rompeu relações com o pai.

Camila contou posteriormente que, durante seus mais de 25 anos de internação no Hospício da Praia Vermelha – o mesmo onde o literato Lima Barreto esteve internado –, muitas vezes lhe deram um papel em branco para assinar, dizendo tratar-se de uma prova de sanidade. Ela assinava sempre no limite superior da página, de forma a que não pudessem acrescentar como sua nenhuma declaração na folha em branco por ela assinada. Nessas ocasiões os médicos diziam-lhe que assinar dessa forma era uma prova de sua insanidade; mas ela, com medo de prejudicar os interesses da filha, insistia em continuar assinando assim. Na medida do possível, se pensarmos no que foi a vida desta mulher e de sua filha, a história teve um final supostamente feliz, pois Camila acabou indo viver com filha e netos até o final de sua vida.[80]

De imediato, uma primeira constatação já há algum tempo feita por historiadores: foi um expediente comum nas classes altas, quando havia muito dinheiro em jogo, apelar-se para uma

da as relações entre loucura e sociedade burguesa, mais especificamente entre a psiquiatria e a sociedade paulista do final do século XIX à década de 1930.

80. Este caso me foi relatado por uma neta de Camila, a historiadora carioca Margarida de Souza Neves.

81. Ver José Sebastião Witter, "O mundo de D. Yayá", em Marly Rodrigues, *A Casa de Dona Yayá*, São Paulo, EDUSP, 1999. Ele considera esse caso como "um ponto de referência obrigatório para estudos da história social e de análises de história da loucura, da justiça e da própria psiquiatria".

82. No caso deste trabalho, a psicanálise é importante para ajudar-nos a pensar Gabrielle em relação ao que seria considerado como normalidade ou não, no campo das neuroses ou psicoses. Alguns alertas da teoria psicanalítica são muito importantes para um biógrafo, ajudando-o a não enveredar pelos caminhos de um psicologismo simplista e a perceber a impossibilidade de se esgotar a riqueza do *eu*; a ter cuidado ao se tentar atribuir uma racionalidade ao indivíduo; a acentuar os vários elementos na interpretação de um indivíduo, mostrando sua multiplicidade, sua divisão interna dentro da unidade

acusação de loucura para se apropriar de fortunas desejadas. Ao estudar o caso de Yayá um historiador se perguntou: "A mim fica sempre a grande dúvida: seria dona Yayá louca mesmo ou era ela uma mulher diferenciada para a época?"[81] Dentro da verdadeira camisa-de-força tecida pela moralidade burguesa do início do século, no sentido de delimitar os papéis femininos, interpretavam-se simples opções – como a recusa do casamento – como indícios de "organização psíquica desarmônica, reveladora de uma predisposição latente para desarranjos mentais". A segregação dos loucos aliviava o estigma e a vergonha da família (que por vezes temia ser acusada de cúmplice da doença transmitida hereditariamente); poucas famílias podiam e/ou desejavam manter seus doentes isolados em sua própria casa. Em São Paulo, muitas mulheres foram internadas na seção paga do Hospital do Juquery; em minha infância, um *cuidado com o Juquery!* constituía uma das ameaças prediletas de uma velha babá portuguesa da família quando, em nossa casa de muitas crianças e conseqüentes disputas, alguém tinha um ataque de fúria, dito de *má-criação*.

Dentro do campo, digamos, de uma dita e/ou possível normalidade psicológica, como é difícil – senão impossível – definir-se o grau de liberdade e de determinismo de nossas ações! Preocupei-me em não enveredar por um psicologismo simplório.[82] A questão das escolhas de Gabrielle, a compreensão de suas paixões, suas neuroses e sua apontada loucura levam-nos a refletir sobre as normas e regras, sobre as práticas da sociedade e da família em que ela foi educada e dentro das quais viveu, que são por vezes rígidas, mas por outro lado em constante mudança, por lentas que essas sejam.

O Código Civil de 1916 "sacramentava a inferioridade da mulher casada ao marido", vendo esta como dependente e subordinada ao homem, relativamente inabilitada para o exercício de determinados atos civis; os usos e costumes iam ainda mais longe do que as leis. Gabrielle se tornou alguém muito original, muito *diferenciada* ou seja, uma mulher não ajustada ao papel que a família e clã dela esperavam e que procurou ultrapassar os limites que a sociedade de então lhe permitia. Quanto à família isso fica muito claro. Um primeiro alerta me foi dado pelas declarações de seu irmão Gustave à polícia de Paris, por ocasião do incidente com a polícia francesa: Gabrielle teria incomodado Sieler por querer ser independente dele; a já mencionada cobrança de submissão por parte da mãe moribunda vai na mesma direção. As brigas familiares devido ao desejo de independência, a falta de respeito à sua forma de ser, são constantemente mencionadas no processo (embora nos dois testamentos vários membros da família sejam contemplados com lembranças em jóias e dinheiro).

Esse desejo de independência foi se acentuando e concretizando cada vez mais depois do mau resultado do segundo casamento; ela tentou romper, escapar de algumas das normas, arrostando as conseqüências desse tipo de comportamento. Sua fortuna lhe conferia uma confortável independência, pelo menos a de ir-e-vir a seu bel prazer. Duas vezes viúva, Gabrielle vivia sozinha, circulando pela sociedade carioca e paulista, pelos continentes americano e europeu, gastando o dinheiro que ela mesma administrava. Sendo uma pessoa que viveu entre as elites nacionais e internacionais de dinheiro e cultura e tendo se tornado excepcionalmente rica depois de uma infância de dificuldades financeiras, ela certamente era – e assim deveria sentir-se – bastante poderosa. Outro caso de mulher independente e poderosa por sua fortuna foi Eufrásia Teixeira Leite, que durante certo tempo se ligou amorosamente a Joaquim Nabuco, mas nunca se casou. Ela teve uma vida bastante

individual; a destacar a importância do inconsciente; a perceber a importância das origens e dos primeiros anos na vida do indivíduo; a estar atento para a importância do detalhe; a perceber as dificuldades de se provar todos esses aspectos e como somente se pode captá-los por formas muito indiretas.

respeitada, administrando aparentemente com sucesso sua independência e suas finanças.[83]

Especialistas afirmam que naquele momento

> poucas mulheres teriam discordado dos homens que afirmavam: "O casamento é a melhor carreira feminina' e 'Casar é a suprema aspiração (das mulheres)" (mas) (...) a situação das mulheres separadas e viúvas era melhor do que a das mulheres solteiras. A "virtude" delas já não era tão cuidadosamente vigiada e, por vezes, recebiam dinheiro ou propriedades pelo processo de separação, por herança ou pela generosidade dos filhos.[84]

A pluralidade de formas que escolhi para referir-me à Gabrielle nos títulos dos diversos capítulos e itens são uma tentativa minha de chamar atenção para as diversas Gabrielles, suas mudanças e permanências em um mesmo momento ou ao longo dos anos (não somos cada dia diversos e sempre os mesmos?), sua divisão interna, ou seja, suas ambigüidades e contradições; a meu ver, seu lado mais tradicional chocava-se com seu lado independente e aparentemente intempestivo.

Em relação à tradição, Gabrielle me parece ter sido marcada por mais de um viés do papel social da mulher na sociedade de então. Ligada à família matriarcal de Eugénie – com seis irmãos e inúmeros sobrinhos – acabou emergindo para a vida pública em meio às elites cultural e financeira da qual fazia parte por nascimento e, posteriormente, pelo casamento. Ela casou-se jovem e, ajustada ao papel tradicional de mulher submissa ao (primeiro) marido, definiu-se como *esposa*. Mas ela não era qualquer esposa: era a esposa de alguém muito importante no mundo da política

---

83. Ver Hildete Pereira de Melo e Miridan Britto Falci, "Eufrásia e Nabuco: uma história de desencontros amorosos", em *Revista do IHGB* nº 423, abr./jun. 2004, p. 61-76. Ver também "Riqueza e emancipação: Eufrásia Teixeira Leite. Uma análise de gênero" em *Estudos Históricos*, nº 29, 2002, Fundação Getúlio Vargas, CPDOC, p. 165-185.

84. Ver Susan K. Besse, *op.cit.* p. 53

econômica brasileira e internacional. Esse momento de seu primeiro casamento se passou entre o mundo privado de seu lar, um universo doméstico onde uma mulher como ela, sem filhos, foi sobretudo a companheira protegida de seu marido, mimada em suas ricas mansões e viagens de luxo e na possibilidade de constituir-se – com seu marido Brune – em um guarda-chuva protetor para outros membros da família onde nascera. Certamente participou, como parceira ou pelo menos como espectadora, das atividades profissionais e sociais de Brune – em público ou recebendo, na própria casa do casal autoridades do mundo político, diplomático e financeiro, como registrado. Seu desejo de se casar, de ter filhos e netos atravessa toda sua vida, concomitante ao seu grande desejo de independência.

Desde pequena transitava entre a vida privada e a vida pública. Do espaço familiar em que fora criada, acompanhara a vida profissional da mãe no afã de sustentar e criar seus sete filhos; não surpreende, portanto, seu interesse mencionado mais de uma vez por uma vida pública.

Nesse plano, chamou-me atenção seu interesse pela política em seu sentido mais amplo (não a político-partidária). Oscilava em suas afirmações: mostrava uma visão bem tradicional querendo um casamento com algum político, ou diplomata importante, porém mais de uma vez disse que gostaria de ocupar ela mesma um cargo político. Tendo vivido sua vida adulta entre ricos e poderosos, provavelmente achava que as coisas se resolviam pelo alto e desejava ter o poder ao seu lado. Não se pode esquecer que perseguia com afã a notoriedade para conseguir adeptos para reforçar suas reivindicações, pois achava que seus problemas internacionais seriam mais facilmente resolvidos por uma solução via diplomática. Por exemplo, como desejava ser arbitrada pelo Tribunal de Haia, sabia que somente o Governo brasileiro poderia entrar para apresentar seu caso, e nunca o desculpou pelo fato de não tê-la atendido.

O interesse e preocupação pela política parecem acompanhá-la desde cedo. Disse ela: "Desde os nove anos me sacrifico por minhas idéias políticas." Certamente os assuntos políticos lhe atraíam, acostumada que estava a esses; o tema devia ser discutido em família, pois conta o processo que Gabrielle fez "grandes confidências políticas" ao irmão Georges. Poucos anos antes de morrer, é ainda forte a presença de temas políticos na entrevista que concedeu ao jornalista de *A Noite*, na qual o repórter elogia "sua retentiva assombrosa", no meio de uma narrativa que perdia o fio e cheia de fantasias de perseguição:

> Contou histórias dos tempos em que ainda existia toda uma geração de brilhantes estadistas sul-americanos. Estanislau Zaballos, Balthazar Brumm, Rio Branco além de outros foram citados no decorrer da palestra, quando ela expunha os seus mirabolantes planos de política continental e aludia com carinho à ajuda que deles recebeu.

Entre esses cita Aristides Briand, que a recebera em 1924, fornecera-lhe um passaporte francês e promessas de ajuda, assim como Nilo Peçanha quando senador. Ela distinguiu na entrevista a diferença entre "politicagem dos de fora e politicalha dos de dentro", o que, para o repórter, "revela que ela não perdeu todo o senso".

Sobre a política imperialista das grandes potências, ao assistir à ópera *Madame Butterfly* afirmou ver no enredo "um reforço de sua mania de opressão das grandes nações ao 'pequenino Japão'"; em sua entrevista à polícia francesa, em 1924, afirmou: "A Inglaterra é muito rica, ela sempre se aproveitou das castanhas que os outros povos lhe tiravam do fogo"; ou, pensando em seu caso específico: "A Inglaterra não é senão um poderoso ladrão e violadora de direitos; fez do Brasil o seu agente repugnante e humilhante." Criticou a política de esquerda de Édouard Herriot, dizendo-o errado e que ela deveria impedi-lo de levar a França a *um desastre*. No campo da política brasileira, mostrava-se muitas vezes nacionalista, alertando sobre crimes estrangeiros, sobretudo de alemães, contra a nação brasileira (possivelmente em função de seus problemas particulares). Algumas vezes mencionou uma "revolução em curso no Brasil" (e essas eram tantas nos anos 1920!). Em Paris, em 1924, afirmou que recebera uma carta do Rio de Janeiro, que mencionava que a "revolução ia bem no Brasil" e que ela poderia ter um cargo na direção do país.

Em seu segundo testamento pode-se ver uma preocupação política de espectro mais amplo, pois ela se declara claramente – e por mais de uma vez – como alguém interessada em justiça social. A idéia de corrigir problemas sociais, a tristeza pela falta de uma justiça humana – como libertar condenados injustamente enquanto verdadeiros culpados estão soltos, o desejo de que empresas e nações atuassem de forma justa – enquanto formulações concretas destacam-se claramente no segundo testamento. O juiz Edgar Ribas Carneiro realçou nesse "um nítido traço de beleza moral e um marcante valor social". Provavelmente esses traços surgiram em razão de desventuras pelas quais Gabrielle passou (claramente por isso faz um legado a outros *perseguidos* da família). Também sobre a base de sua educação cristã para a qual, na época, as preocupações de caráter benemerente eram um traço importante.[85] Uma outra manchete de primeira página, ao lado de sua sensacionalista entrevista em 1937, me atraiu: a notícia de morte do *milionário filan-*

85. Naquele momento, esse foi um dos campos em que as mulheres das elites começaram a ter uma certa vida pública, fora do *recesso do lar*.

176

86. Ver Michele Perrot, *Femmes Publiques,* Paris, Textuel, 1997, p.17 (tradução minha).

tropo Felício Rocho, "capitalista mineiro que doou mil contos para estabelecimentos de caridade (maternidade, sanatório e hospital de indigentes)", "admirado no país pelo gesto de filantropia". A aprovação à sua decisão se configura no fato de que, diante de seu caixão, "houve uma romaria imensa". Eufrásia Teixeira Leite também destinou sua imensa fortuna à benemerência e seus desejos, diferentemente dos de Gabrielle, foram atendidos.

As menções a *flirts* em seus escritos e sua beleza e vaidade lendárias me fizeram aproximá-la de outro tipo de observações para esclarecer a personalidade de Gabrielle. Especialista francesa na história das mulheres, Michelle Perrot mostra ter existido uma imagem idealizada, uma espécie de mulher-objeto numa sociedade européia do século XIX europeu ainda bastante masculino:

> Um cenário urbano saturado de figuras femininas é uma marca do século XIX. Esculturas monumentais, alegorias religiosas, cartazes de publicidade ou de política tomam o corpo feminino com suporte para sua mensagem. No teatro, na ópera, nos concertos elas ocupam a cena e logo depois também nas telas de cinema e o esplendor das 'stars'. Nos 'boulevards', nos salões e nos concertos, lugares múltiplos da recepção mundana, as mulheres têm uma função de representação. Sua elegância, seu luxo e até sua beleza exprimem a riqueza ou o prestígio de seus maridos ou companheiros. Espetáculo do homem, elas são também o objeto de seu desejo, por vezes agudizado pelas proibições de uma sexualidade reprimida.[86]

Gabrielle viveu num mundo predominantemente masculino. Apesar de certa preocupação constante com uma sedução feminina, são marcantes suas relações e seus embates, depois de sua primeira viuvez, com figuras masculinas, em sua maior parte devido aos problemas com dinheiro: os banqueiros com os quais estava envolvida, os governantes a quem apelava, os advogados, juízes e os psiquiatras que passaram por sua vida, o tutor que deveria controlá-la... todos eram homens. Como se lê em praticamente todas as fontes consultadas, ela deblaterou contra eles onde, como e quanto pôde. Seja pelo fato de que a mulher encontrava seu lugar social ao lado do marido, ou seja por sentir falta de um amor romântico como tiveram seus pais, seu desejo de se casar tornou-se tão famoso na alta sociedade carioca que Gabrielle acabou imortalizada por Afrânio Peixoto como alguém que, tendo sido várias vezes *Madame tal* queria ser mais uma vez uma *Madame... X.* Pode-se aventar também que a solidão de ser duas vezes viúva sem filhos (seus herdeiros) lhe pesasse. Os dois abortos mencionados no processo – um de cada casamento – e a menção a uma futura prole no primeiro testamento – em 1914, quando ela tinha 40 anos – evidenciam um desejo de ser mãe.

Gabrielle procurou, embora por vezes nessa forma ambígua, ser uma mulher independente, diversamente do papel que as leis e sobretudo os usos e costumes lhe reservavam. Dessa forma, seu percurso pessoal não ilustra a história convencional de uma mulher dos fins do século XIX – primeira metade do XX; muito pelo contrário, mostra uma história de grande persistência em suas tentativas de decidir sobre seu percurso de vida. Força de vontade era algo que não lhe faltava; lembro uma frase do diário de sua mãe Eugénie: "em um ser que tem vontade, tudo o que é uma constatação de sua própria força moral lhe causa uma secreta sensação de poder".

Depois da *Grande Guerra,* houve uma enxurrada de literatura procurando definir os deveres das mulheres no tríplice papel

87. Ver Susan K. Besse, *op.cit.* p.182

da mulher como mãe-esposa-dona-de-casa, a dita rainha do lar. Romancistas, críticos sociais, educadores, médicos, psiquiatras procuraram doutrinar nesse campo, tentando controlar as mudanças que surgiam no comportamento feminino. O padrão tríplice não foi obedecido por Gabrielle, guiada em suas atitudes seja por decisões conscientes, seja por intuições, seja pelo acaso (entendido aqui por aquilo que ela não controlava, como por exemplo a morte de Brune, a ausência de filhos, o confisco dos bens dele pelos aliados).

Inteligente e atualizada, certamente deveria estar ao par das variadas formas de feminismo existentes no país, desde as feministas católicas, que pregavam que "sem Deus, sem Pátria, Honra e Família não há feminismo possível", até mulheres profissionais solteiras que buscavam modelos na Europa e nos Estados Unidos e consideravam que o emprego assalariado era o pré-requisito mais essencial para a emancipação feminina (nunca é demais lembrar o exemplo de sua mãe).[87] Ouvira certamente falar do direito à educação, ao trabalho, da batalha por um novo tipo de relação com o casamento e com a maternidade. Possivelmente Gabrielle viu, por exemplo, na capa da revista FONFON em 16 de maio de 1914, a foto das *sufragettes* que lutavam pelo voto feminino, ouviu ecos da luta de Bertha Lutz, da visita da americana Carrie Chapman Catt (sufragista americana que esteve no Brasil em 1922); mas Gabrielle nunca se alinhou a nenhuma dessas feministas. A sua defesa do gênero feminino mais explícita e pública aparece em 1914 em seu primeiro testamento:

o sobejo desta minha fortuna particular, deixo PARA FORMAR UMA NOVA ASSOCIAÇÃO, QUE PONHA ABAIXO A LEI,

QUE UMA MULHER INDEPENDENTE TENHA QUE SUPOR-
TAR MAUS TRATOS DO SEU ESPÔSO, ESTE FAZENDO A
SUA FORTUNA À SUA CUSTA DURANTE DOIS ANOS, POR
NÃO TER TESTEMUNHAS e querer evitar escândalo" (maiús-
culas no próprio texto).

Essa atitude pode ser analisada como um mero protesto individual, devido ao seu caso com Sieler.

Nas últimas décadas, tem surgido um número grande de obras
em que os cientistas sociais e historiadores se debruçam sobre as
histórias de mulheres e sobretudo sobre as relações entre os gêneros. Um bom exemplo é um trabalho inglês que recolhe vozes
exemplares do final do século XIX e do começo do XX, femininas
mas também masculinas, expressas através de novelas e poemas,
peças e canções, em panfletos e ainda documentos pessoais como
cartas e diários. Essa documentação ampla é originária de diferentes grupos e faixas etárias, expondo e discutindo diferentes
atitudes individuais, numa variedade que "deixa claro que a Nova
Mulher de há um século é tão difícil de ser caracterizada quanto
a imagem do Novo Homem hoje em dia" (anos 1990). Como essa
obra, boa parte da bibliografia lembrada trata do surgimento do
que chamam de uma *nova mulher*. Ao fazer um balanço da *nova
mulher*, conclui-se no trabalho: "As mais eloqüentes, entretanto,
são aquelas que simplesmente depositam diante de nós suas vidas
arriscando-se constantemente em público na tentativa de se rea-
lizarem." Essas novas mulheres eram chamadas ainda de *mulheres
modernas*. Também no Brasil "as crônicas, os romances de costumes e as caricaturas retratavam as mulheres das classes média e
alta atacando abertamente os valores e repudiando as normas de
comportamento da organização familiar patriarcal".[88]

88. Os contornos das mu-
danças nas relações entre
os sexos no Brasil, no mesmo período são mostrados
em detalhes na já citada
obra de Susan K. Besse.

89. Ver Susan K. Besse, *op.cit.* p. 225. Para essa autora, os casos de Patrícia Galvão (Pagu) e Maria Lacerda de Moura são exemplos claros.

Essa valorização do papel individual da nova mulher lançou-me luzes definitivas para iluminar o percurso de vida de Gabrielle.

Gabrielle não foi o que poderíamos chamar de uma feminista de carteirinha, a meu ver ela era mais uma *nova mulher*, difícil de ser caracterizada, mas certamente uma daquelas que, pelas atitudes concretas que tomaram em sua vida, acabaram por abalar as estruturas tradicionais do comportamento feminino do final do século XIX e início do XX.

Lembro-me do retratinho, tirado em 1896, de uma jovem decidida a enfrentar a vida que tinha pela frente; depois penso na errante Gabrielle que, completamente sozinha, resistiu sempre, lutou tanto por querer, em vida e depois de morta, decidir sobre seu destino e de sua fortuna. Entre um momento e outro, estende-se o percurso de uma vida, que não consegui esclarecer tanto quanto gostaria. Durante esse percurso, a quebra de padrões vigentes – que sempre exige exposição e sofrimento - fez com que Gabrielle pagasse um alto e doloroso preço ao longo e sobretudo no final de sua vida. Para especialistas, "as poucas mulheres radicais que se recusaram a demonstrar a deferência adequada para com os homens enfrentaram uma investida violenta de hostilidade e rejeição que muitas vezes prejudicaram gravemente sua saúde física e mental".[89]

Logo no início do processo de anulação, em 28 de maio de 1941, o parecer dado pelo Primeiro Curador de Resíduos Alfredo L. Bernardes afirmava:

(...) As disposições testamentárias de Da. Gabrielle Brune Sieler não contêm incongruências reveladoras da insanidade mental. Há nelas excentricidades, poucas aliás, mas isso não invalida os testamentos. (...) No seu todo, ele reflete a vontade equilibrada de quem o escreveu do próprio punho. Seu estado psicossomático só se manifestou muitos e muitos anos depois da feitura dos testamentos e tanto isso é certo que de mil novecentos e quatorze à mil novecentos e trinta e dois, a testadora administrou seus bens com critério, transacionando com muita gente e até com um dos autores" (referência ao irmão Georges) (...) sua constituição paranóide (...) não impediu que ela fosse apreciada na sociedade em que viveu como uma senhora distinta, de apurada educação e elevados dotes intelectuais. É certo que para as pessoas de constituição paranóide os dissabores e desenganos produzem atitudes reacionárias. (termo usado no sentido de reação forte, não no sentido político do termo). Nos autos há inúmeras provas dessas atitudes, originadas de fatos reais, e não de fantasias criadas pelo célebro (sic) da testadora. Tais pessoas podem, no entanto, testar, *porque são íntegras de mente.* (grifo do texto)

Em 1943, Antonio Xavier de Oliveira, um dos psiquiatras consultados, também considerou Gabrielle apta a testar. Elogiou-a como "uma mulher que, ao par de conhecimentos gerais, falava vários idiomas, e até escrevia regularmente o francês e o alemão, como consta dos autos de seu processo". Afirma que em 1932 (quando fora consultado no processo de interdição) já constatara

sua inteligência perfeita, sem nenhum sinal de involução psíquica, bem como a coerência e a capacidade volitiva que revelava à evidência em tudo que dizia com os atos de sua vida comum, fora de seus motivos delirantes (...) Reafirmo, era ainda uma mulher inteligente, revelando certos conhecimentos gerais de artes, história, política e principalmente lingüísticos, poliglota que ela era e sem dúvida nenhuma de nível cultural muito acima da média da mulher brasileira.

E continua: "D. Gabrielle, pois, ao tempo em que a examinei, 1932, revelava, além dos predicados acima enumerados, grande capacidade para as ações volitivas, sabendo bem e claramente o que queria e, sobretudo, sabendo querer."

Guardado entre os papéis de George e Jacobina Lacombe há um parecer de Martim Francisco Bueno de Andrade em que se lê: "Todas as demandas de Gabrielle eram reais. Nada de fantasias criadas por um espírito enfermo. O seu temperamento punha, decerto, uma energia maior a uma vigilância desusada no curso dos processos."

Em janeiro de 1944, o juiz Edgar Ribas Carneiro, ao dar sua sentença de validade dos testamentos, justificou por que o fez, emitindo opinião detalhada sobre vários pontos:

Se no processo de interdição de D. Gabrielle esta senhora teve de ser submetida a dois exames periciais para que a Justiça se tivesse esclarecida das condições personalíssimas desta senhora na ocasião, que resultado seguro poderia chegar uma perícia de forma indireta destinada a definir com precisão o estado mental em que D. Gabrielle teria se encontrado ao testar em 1924 e 1914?

Ele lembra afirmações de psiquiatras como Afrânio Peixoto - "O paranóico é o louco de juízo" – e Franco da Rocha – "A paranóia é a ponte por onde a razão vai para a loucura". E continua:

Essa ponte – quem o ignorará? – é transitada, permanentemente, por milhares e milhares de pessoas, homens e mulheres... Muitos dos transeuntes da sinistra ponte vão até sua extremidade final e também ao abismo da loucura; muitos outros, porém ficam a meio do caminho... Quantas e quantas destas últimas criaturas de Deus, cada uma de nós conhece, estima, confia, aplaude e respeita! Pessoas restantes, seguramente capazes para todos os atos da vida civil, muitas delas até notáveis nas letras jurídicas, na diplomacia, na política, pelo talento, pela cultura, pelos grandes serviços prestados à coletividade?

Na linha da jurisprudência, conta o mesmo juiz o caso de um cientista brasileiro (que infelizmente não identifica), "filiado à doutrina de Auguste Comte", autor de livros, que

determinou por testamento que suas obras fossem vendidas para com o produto ser parcialmente resgatada a dívida externa do Brasil, excetuando-se de tal venda um determinado livro que o testamenteiro designado teria de levar ao Mato Grosso e, chegando no lugar indicado, subir a uma árvore clamando, em altas vozes, uma frase no idioma aborígine em chamamento de certo índio a quem entregaria o livro.

E o testamento foi considerado válido, ironiza ele; ajuizando ainda:

Estivesse D. Gabrielle, em 1924, já próxima da loucura, e seu sobrinho Paulo Guimarães Masset, não teria se prestado, de

1928 a 1930, a levá-la, seguidamente, ao Teatro Municipal, deixando-a aí sozinha, para, findo o espetáculo, ir buscá-la a fim de a reconduzir para casa! (depoimento a fls.413). Estivesse D. Gabrielle, em 1924, na classe dos loucos de todo gênero, e seu irmão Gustavo não lhe teria em 1923 tomado de empréstimo Rs.80:000$00, (depoimento a fls. 414) empréstimo que D. Gabrielle cancelaria no testamento de 1924.

Concluindo, sentenciou:

D. Gabrielle redigindo aquele testamento não se esqueceu de qualquer minúcia, prevendo uma série de hipóteses eventuais, o que é simplesmente impressionante. D. Gabrielle fez reverter a quase totalidade de sua grande fortuna para os que sofrem, para os que vivem na desgraça, no abandono (...) Há sem dúvida no testamento de 1924 um nítido traço de beleza moral e um marcante valor social o que para mim bastaria como evidente demonstração de que D Gabrielle ao redigi-lo ainda se encontrava muito e muito distante do ponto final daquela 'ponte que leva a razão à loucura'. A anulação (...) privaria centenas e centenas de infelizes dos benefícios de uma outra infeliz, isolada da família (...) Minha mão se recusaria a assinar uma sentença que contra o direito, contra a moral, contra o interesse social, anulasse o testamento deixado por D Gabrielle em 1924, revogando o de 1914".

Católico, mencionando a "remissão de pecados" de Gabrielle, termina apostrofando: "E que Deus me ajude!"[90]

Um parecer de um advogado consultado Clóvis Paulo da Rocha, consultado por Georges, opinou contra o próprio: "É portanto fora de dúvida que todos os herdeiros e legatários têm interesse econômico no presente processo de nulidade de testamento". E citando jurisprudência, conclui: "Se o juiz ao julgar decretar a nulidade, o fará proferindo uma sentença nula".

No acervo Leuzinger, Masset encontrei um recorte de jornal não identificado, datado de 20/09/1940, intitulado *Entre dois corações*, assinado pelo depois deputado Nelson Carneiro (o primeiro defensor da lei do divórcio no país). Ao comentar a *existência tão romanceada* de Gabrielle, ele analisa as mudanças do primeiro para o segundo testamento e considera - a uma *injustiçada*. Para ele: "O testamento de 1924 é de quem chegava ao meio das resistências às torpezas do mundo. Apesar de proclamada inocente, fora acusada de homicídio". Gabrielle teve que lutar para ser inocentada e a partir dessa luta identificou-se com aqueles sofredores a quem quis deixar sua fortuna.

O tutor Fructuoso Aragão escreveu em 1941, quando se pretendia a anulação, uma longa exposição onde se podem pinçar opiniões como: "Esta formosa e culta mulher (...) confiava na justiça terrena. (...) os prejuízos sofridos por Gabrielle não foram imaginários não só os trazidos quando da sucessão de Brune (...) mas também os conseqüentes da sucessão de Sieler." Elogia o testamento: "Não criou um novo ou vários novos, milionários. Socorreu a milhões de sofredores." e ironiza: "Então, estava maluca."

Além das já bastante apontadas alegações de loucura, na apelação para invalidar os testamentos encontram-se críticas ao apontado *interesse social* do segundo:

90. Pelo relato desse juiz fiquei sabendo que meus falecidos sogros, Jean Charles Ernest Costilhes e Yvonne Masset Costilhes – cujos nomes aparecem grafados erradamente – tinham prestado depoimento.

> Interesse social que pretende entregar a nações inimigas (isso se deu durante a Segunda Guerra Mundial 1939-1945) uma fortuna feita no Brasil, com brasileiros e herdada de brasileiros por que D. Gabrielle também herdou de sua mãe e fazer passar ao estrangeiro uma vultuosa quota de títulos de empresas concessionárias de serviço público!

A proporção dessa herança com o total da fortuna de Gabrielle era ínfima, pois foram 150 contos divididos entre todos os herdeiros. Um advogado da família, Santiago Dantas, na mesma direção crítica, afirmou:

> Não me parece impressionante o aspecto de benemerência que se realçou num dos testamentos examinados. Em primeiro lugar, é característica da paranóia, mesmo francamente demencial, a ostentação de virtudes sociais que estofam o 'grande homem' e a conduta generosa em favor de entidades abstratas ou de coletividades com quem não é possível ao paciente entrar em conflito persecutório.

Entre outras visões opostas, consultado já na segunda instância do julgamento, Carlos Maximiliano, Ministro da Corte Suprema, emitiu em janeiro de 1944 um parecer em que declara que "o critério para aquilatar da validade do testamento é antes jurídico do que médico. O profissional apenas fixa o diagnóstico; o jurista é que tira as conclusões".

Como terminou essa disputa judicial já contei desde o começo. Ao cabo de todas as minhas pesquisas, concluo que a solução final se deveu ao jogo de equilíbrio entre as forças sociais, no sentido amplo e neste caso em particular. Não me parece imprudência ou exagero afirmar: quanto ao destino final de seus bens, Gabrielle perdeu sua luta (E não são de luta todas as vidas? Recitavam-me na juventude: "Não chores, que a vida/É luta renhida:/Viver é lutar./A vida é combate,/Que os fracos abate/Que os fortes, os bravos/Só pode exaltar."). A instituição 'família' e seu corolário – a propriedade privada – triunfaram. O processo decidiu a favor de poucos, em detrimento de muitos. Os menos protegidos pela vida, que são o elo mais fraco de uma corrente social – aqueles de quem Gabrielle tanto se compadeceu e, sentindo-se próxima por seus próprios sofrimentos, pretendeu ajudar – mais uma vez foram postos de lado.

Cronologia de Gabrielle

1832: seu avô, Georg Leuzinger, nascido em 1813 na Suíça, emigra para o Rio de Janeiro.

1840 (20 de dezembro): casamento dos avós maternos no Rio de Janeiro.

Meados de 1840: seu pai, Gustave Léon Masset, nascido na França, emigra para o Rio de Janeiro.

1868 (11 de julho): casamento de seus pais, Eugénie du Authier Leuzinger e Gustave Léon Masset.

1874 (23 de junho): nascimento de Gabrielle Louise.

1881 (17 de setembro): morte de Gustave Léon, Eugénie fica viúva aos 34 anos com 7 filhos.

1893: primeiro casamento de Gabrielle com Georg Brune, nascido em Halle, na Alemanha.

1911: viagem de Gabrielle à Europa com G. Brune.

1912 (6 de julho): morte do primeiro marido Brune.

1913: segundo casamento com Wilhem Sieler, nascido em Zeitz, na Alemanha; **Logo após:** primeira viagem para a Europa com Sieler.

1914: primeiro testamento, datado de 17 de setembro.

1914: mudança para São Paulo.

1915: atentado a Gabrielle e suicídio de Sieler na Avenida Paulista em São Paulo.

1914-1918: A Grande Guerra, depois chamada Primeira Guerra Mundial; nações aliadas confiscam bens de Geog Brune.

1918 em diante: início de série de cartas, petições,dossiês a autoridades nacionais e internacionais.

1915-1925: idas e vindas de Gabrielle entre Rio de Janeiro e São Paulo.

1920 ou 1922: primeira viagem de reivindicação de sues bens à Europa.

1922 (27 de outubro): morte da mãe.

Ainda no mesmo ano: publicação do romance de Afrânio Peixoto *As razões do coração,* do qual Gabrielle é a inspiração para uma personagem; viagem a Buenos Aires, onde Brune possuía bens.

1924: aos 50 anos, segundo testamento, datado de 25 de maio.

setembro-dezembro: viagem à Europa; incidente policial-diplomático em Paris.

1925: viagem aos Estados Unidos da América.

1932: pedido de interdição de iniciativa de um advogado estrangeiro Roman Posnanski, depois abandonado e em seguida retomado pela família.

1935 (24 de abril): interdição pelo Juiz de Direito da 1ª Vara de Órfãos e Sucessões e entregue à tutoria do Dr. Fructuoso Aragão.

Desde então: tentativas de fuga da tutoria (ou seqüestro) no estado do Rio de Janeiro e depois no Estado de São Paulo (Santos, Guarujá e capital).

1937 (julho-agosto): descoberta da "mala de ouro"; ecos na imprensa.

1938 (outubro): retorno ao Rio de Janeiro.

1940 (5 de setembro): morte na Casa de Saúde São Sebastião na Gávea

1941 (4 de abril): petição inicial para processo de anulação dos dois testamentos (advogados da família: Américo Jacobina Lacombe, Luiz Gonzaga do Nascimento Silva e Adalberto Guimarães Jatahy).

1944 (7 de janeiro): sentença do juiz Edgar Ribas Carneiro negando anulação dos testamentos.

(21 de janeiro): apelação da sentença da primeira instância.

1945 (final do ano): testamentos anulados em segunda instância.

1946: publicação do processo "Anulação dos Testamentos de D. Gabriela Brune-Sieler, apelação cível nº 8.599.

Quem era quem na primeira geração entre o Velho e o Novo Mundo

Os avós maternos: **Georges Leuzinger**, suíço de Glaris, casado com **Anne Antoinette (Eleonore) du Authier,** francesa da Gascogne.

Os 13 filhos:

Sabine (nascida em 22 de março de 1842): casou-se com o alemão Franz Keller em 14 de outubro de 1867, tendo ido morar definitivamente no Velho Mundo (Alemanha e França) em 1871, emboara tenha visitado o Rio em 1889 e 1895; sem descendência.

Anne Marie (25 de setembro de 1843): solteira;

Georges Henri (13 de janeiro de 1845): casou-se em 18 de janeiro de 1876 com Luiza Campos Porto, teve 4 filhas e 2 filhos.

Mathilde (6 de janeiro de 1846): casada duas vezes, primeiro em 1864, com o francês Adolphe Schermar, indo morar definitivamente na França em 1866; viúva, lá casou-se em 1885 com Ernest Le Gost (ou Le Gant), advogado; sem descendência.

Eugénie (23 de março de 1843): casou-se em 11 de julho de 1868, com o francês Gustave Léon Masset, viúva m 17 de setembro de 1881:

Mãe de 7 filhos:

Marie (Nenê), em 6 de maio de 1869;

Eugênia (Bibiche), em 30 de novembro de 1870;

Mathilde (Bébé), em 25 de outubro de 1871;

Gustavo, em 28 de fevereiro de 1873;

Gabrielle, em 23 de junho de 1874;

Lucille, em 22 de maio de 1876;

Georges, em 28 de agosto de 1878.

Jean Edmond (21 de abril de 1848): casado com Leocádia de Faria em 18 de setembro de 1875, teve 3 filhas e dois filhos.

Victor Ulrich (2 de junho de 1849): falecido na França aos 28 anos solteiro, sem descendência.

Léonie Émilie (22 de dezembro de 1851): casou-se com Camille Rouchon, teve 3 filhas e 4 filhos.

Gabrielle Marie (16 de abril de 1853): falecida aos 16 anos.

Paul Alphonse (23 de janeiro de 1855): casou-se 2 vezes, a primeira com Julia Miller em 21 de fevereiro de 1895, com a qual teve um filho, ficando viúvo um mês depois e casando-se em 23 de janeiro de 1899 com Maria Luiza Rocha Dias (Baby), com a qual teve 4 filhos e 4 filhas.

Elise Georgianne (29 de agosto de 1856): falecida solteira.

Georges (8 de agosto de 1858): casou-se em 1893 com Marita Ribeiro, teve 3 filhos e uma filha.

Jules Adolphe (27 de abril de 1862): falecido solteiro aos 27 anos.

Post-Scriptum

Esta história gira em torno da vida de muita gente – das pessoas pesquisadas e daquela que realizou a pesquisa e escreveu este livro. Então, antes de nos deixarmos, mais algumas palavras. Após a doença e morte de Alain no final de 2003, nosso amor/companheirismo de 32 anos – como o de seus bisavós Eugénie e Gustave, com os quais tínhamos nos identificado – foi interrompido. De início, foi impossível que eu me reaproximasse da pesquisa; mas um convite para um artigo sobre Georges Leuzinger, feito pelo Instituto Moreira Salles, me fez retomá-la. Além disso, o tempo – esse *tambor de todos os ritmos* (como já cantou Caetano Veloso) – acabou por me embalar. Achei até consolação em terminar um assunto que dividira com ele desde o primeiro instante, lembrando-me de casos sobre a família que ele me contava de leve e por vezes repetidamente, como costumamos fazer com o que nos toca. O que descobri posteriormente sobre o passado dos Leuzinger e Masset – que seriam novidades para Alain e que lhe teriam dado tanto prazer – acabou sendo partilhado somente entre autora e leitores.

Alguns colegas leram e discutiram comigo esta história antiga durante seu longo período de gestação, para deixá-la de roupa nova. Meu obrigada a Ilka Stern Cohen, parceria constante, afetuosa e eficiente; ao grupo do Núcleo de Estudos Pagu (IFHC–UNICAMP), em especial Mariza Correa, Iara Beleli, Leila Mezan e Adriana Piscitelli; ao Núcleo de Linguagens Políticas, em especial Stella Bresciani, Christina Lopreato e Izabel Marson; a Mara Trevisan, Maria de Lourdes Lyra, Modesto Florenzano, Celina Muylaert e Ana Carolina Maciel.

De início, foi-me fundamental a ajuda dos estudiosos pioneiros da história dos Leuzinger, Renata Santos e Frank Khol e as indicações de Stella Rodrigo Octávio Moutinho; depois, de alguns familiares: no Brasil, Paulo Leuzinger, Lourdes Masset, Guilherme Leuzinger Milanez, Mercedes Lacombe Heilborn e Américo Lourenço Lacombe; na França, Francine Camescasse e Robert Paris. Agradeço ainda a contribuição de Margarida Neves, Miridan Falci e detalhes saborosos que devo a Ricardo Cohen e minha ex-aluna Leonora de Lucca e seu pai.

Sou grata ainda a Joana Monteleone, Moema Cavalcanti, Heloísa Pontes e Pedro Henrique de Oliveira pelo cuidadoso carinho que tiveram com o produto final do trabalho.

Tenho a sorte de poder contar com dois filósofos de plantão – meu filho Plínio Junqueira Smith e sua mulher, Eunice Ostrensky; a presença e a lucidez dos dois me é preciosa. Tenho também muita sorte em contar com o amor de meu filho Flávio Junqueira Smith e de meus queridos Costilhes.

Alain Jean Costilhes,
Paris, por volta de 1950.

Os anexos são documentos oficiais, vazados nesse estilo, alguns retirados do volume do processo de anulação dos testamentos, uns reproduzidos de forma integral e outros de forma parcial. A acentuação foi atualizada, mas a enorme presença de vírgulas, aparentemente sem correção gramatical, foi mantida. As maiúsculas foram feitas pelos advogados do processo movidos por seu intuito preciso de destacar as provas de loucura.

Primeiro Testamento – 17 de Setembro de 1914

"Eu, GABRIELLE BRUNE SIELER, casada com Friedrich Wilhelm Sieler, pelo regime de separação de bens, com a fortuna que me foi deixada pelo meu falecido esposo Georg Brune; e com comunhão em tudo que dizia possuir e estava em nome do meu segundo esposo Wilhem Sieler, e assim como dos bens adquiridos na constância do matrimônio e bem assim dos rendimentos dos meus bens próprios; conforme tudo consta na escritura antenupcial, feita no Tabelião Evaristo Vale de Barros; tendo plena liberdade de dispor, livre de qualquer lei ou tentativa de processo; resolvi fazer o meu testamento achando-me no gozo perfeito de minha saúde e da integridade do meu espírito. Dos meus bens próprios sujeitos ao regime de separação por aquela escritura antenupcial; deixo à minha afilhada May Masset M. Neill, a casa da Rua Cosme Velho nº 42 (antigo nº 16). Deixo aos meus afilhados Friedrich Schieck Masset, May M. Neill, Marie Louise M. Braconnot e os que tiver de futuro por batizado crisma ou casamento, os meus terrenos da Rua Felipe Camarão e Rua Alegria, com as casas que lá existirem, e provarem com certidão de batismo ou documento legal competente, que são meus afilhados; a propriedade destes bens, será dividida por eles em partes iguais, conforme o desejo do meu falecido esposo, que não teve tempo de ajudar como tencionava; deixo ao meu irmão Georges Masset a quantia de 100 contos de réis, em fideicomisso, passando diretamente aos seus filhos depois de sua morte. Deixo a minha mãe, em fideicomisso, gozando enquanto viver dos juros todos; a mesma quantia que terá que receber, depois da minha morte, conforme o testamento de mão comum feito com meu falecido esposo Georg Brune, a sua família Brune; passando por sua morte a meus irmãos Marie M. Ritchie, Eugênia M. Neil, Matilde e M. Braconnot e Georges Masset, em partes iguais, excetuando Gustavo Masset e Lucille Scheik, por não necessitarem, em fideicomisso também, herdando os filhos destes.

Deixo a dois hospitais de moléstias de coração em Berlim, e a dois hospitais de doenças de que falecer, no Rio de Janeiro a quantia de 100 contos de réis, a repartir igualmente.

Deixo a cada um dos meus três testamenteiros a quantia de 35 contos de réis; e o sobejo desta minha fortuna particular, deixo PARA FORMAR UMA NOVA ASSOCIAÇÃO, QUE PONHA ABAIXO A LEI, QUE UMA MULHER INDEPENDENTE, TENHA QUE SUPORTAR MAUS TRATOS DO SEU ESPOSO, ESTE FAZENDO

A SUA FORTUNA À SUA CUSTA DURANTE DOIS ANOS, POR NÃO TER TESTEMUNHAS E QUERER EVITAR ESCÂNDALO.

Da parte dos meus bens, que me tocam na comunhão: a dívida de Wilhelm Sieler de 80 contos de réis, forçando-me emprestar-lhe em cheque, nos primeiros dias de casamento para pagar seu débito, e que não restituiu-me ainda, conforme sua promessa; assim com a mobília toda, sendo a maior parte minha, antes dêste consorcio; exijo um balanço geral destes bens todos, o qual cabe-me, metade pelo ato antenupcial, mais esta dívida de oitenta contos de réis; e deixo tudo que está em seu nome, a dívida e a mobíía, aos meus filhos, pedindo ao juiz de Órfãos, que tome a administração destes bens; tenho razões, para não confiar ao pai, meu esposo; passando por morte deles aos meus netos e seus filhos, se, porém, não tiver descendentes, passará a propriedade dos ditos bens, metade de tudo quanto possue Friedrich Wilhem Sieler, mais a dívida e a mobília a meus afilhados Friedrich Masset Schieck e May Masset M. Neill, dos quais foi padrinho meu primeiro falecido esposo Georg Brune, e aos afilhados Otto Brune de Nesteraitz, Nilly Hermann de Hannover e Wilhem e Georges Brune de Halle in Westphalia, do referido meu primeiro marido; dividindo esta fortuna em oito partes iguais, cabendo quatro partes aos dois primeiros e quatro partes aos quatro últimos, ou aos descendentes destes, caso tenham falecido na época de abertura deste testamento; depois de deduzir-se a importância de 10 apólices da divida pública do Brasil, do valor de um conto de réis cada uma, que lego à Santa Casa da Misericórdia desta cidade, com o encargo desta zelar conservar em perfeito estado de conservação e asseio, o túmulo nº 4044, que vou erigir em perpétuo, ao meu primeiro marido, Georg Brune, no cemitério de São João Batista, desta cidade, ou comprarem perpétuo na ocasião da minha morte.

As minhas jóias, deixo: ao meu esposo Wilhem Sieler, o meu coração de ouro cravejado de brilhantes (o que exigia de mim) à May M. Neill, o meu colar de brilhantes e brincos (brilhante solitário) e o fio de pérolas e brincos (pérola solitária), à Gilda G. Masset o meu *sautoir* de pérolas, e o medalhão de platina *à jour* com uma pérola e brilhantes; à Yvonne H. Masset, o *collier de chien* de pérolas, e um *pendant,* corrente platina e pérolas, com duas grandes pérolas pendentes; à cunhada Mercedes Masset o anel e pulseira de ouro, pérola rodeada de brilhantes, e à cunhada May H. Masset, o anel e pulseira de ouro, safira rodeada de brilhantes. A minha irmã Lucile Scheick, brincos e pulseira de ouro, esmeralda rodeado de brilhantes um anel com duas pérolas grandes (taraja para brincos)a Daisy Mc.Neill brincos e broche de pérola rodeado de brilhantes; a Gladys Mc.Neill brincos e broche (Caracol rubi rodeado brilhantes); a Marie Louise Braconnot, brincos e broche (safira e brilhantes rodeados); a Lilian Mc.Neil broche espada, rubis e brilhantes; pulseira, broche e brincos (turquêsa rodeado de brilhantes). Ás minhas amigas Alice Ramalho Ortigão, anel platina brilhante solitário; Vizu Ramalho Ortigão, anel ouro, turquêsa e brilhan-tes; Miss Alice Hargreaves anel ouro, brilhante solitário grande; a Anita Lopes Guimarâes, anel ouro três, brilhantes (branco, amarelo, cognac); a Maria Nazaré Guimarães anel ouro, rubi e brilhantes (marquise) a Marieta Carvalho Rodrigues: anel ouro, um rubi e brilhantes. Caso tiver perdido qualquer uma destas jóias, será restituída por outras do mesmo valor aproxi-mado e o sobejo será entregue a minha irmã Lucile Schieck para a espsa do afilhado Friedrich Schieck.

Nomeio o meu testamenteiro em primeiro lugar, ao advogado Dr. Pires Brandão, ao qual caberá, como padrinho, um alfinete de gravata, pérola grande solitária; em 2º lugar aos amigos Josef Klepsch e James Magnus em 3º lugar; (amigos do falecido Georg Brune).

Por esta forma tenho feito o meu testamento e disposição de última vontade, que quero seja cumprida tão inteiramente quanto nele se contém, o qual foi por mim escrito, anulando qualquer outro, que fôr apresentado.

Rio de Janeiro, 23 de julho de 1914.

Gabrielle Brune-Sieler
née Leuzinger Masset

Segundo Testamento – 25 De Maio De 1924

Em nome de Deus. Eu, *Gabrielle Brune-Sieler*, achando-me com saúde e no gozo das minhas faculdades mentais; livre e espontaneamente resolvi fazer o meu testamento e disposição de última vontade pela forma seguinte: *Primeiro* – Declaro que sou Católica Apostólica Romana, em cuja religião nasci, tendo vivido e espero morrer. *Segundo* – que sou filha legítima de Gustave Léon Masset (francês) e de sua mulher Eugénie Leuzinger Masset (brasileira) ambos, já falecidos. *Terceiro* — Que sou brasileira tendo nascido nesta capital , na Rua de Dona Mariana (Botafogo) e sempre habitado no Brasil. *Quarto* — Que sou viúva em segundas núpcias de Friedrich Wilhem Sieler, era um dos Diretores do Brasilianische BK für Deutsehland (sic) no Rio e depois em São Paulo, casamos aqui em regime de separação de bens com a minha parte, e em comunhão de bens, com a parte dele, tendo sido casada pela primeira vez, aqui também em regime de comunhão de bens com Eduard Georg Brune, de quem tenho a minha fortuna, gerente sócio da loja Oscar Philip e Companhia Limitada - Rio-Manchester; ambos nascidos na Alemanha, mas por todas as leis, principalmente a lei Magna da grande naturalização em mil oitocentos e oitenta e nove tornaram-se brasileiros, aí vivendo ambos. Não existindo filho algum desses dois consórcios. *Quinto* — Que por morte quer do primeiro, quer do segundo dos meus maridos, dei bens universais a serem inventariados no Rio de Janeiro, a sede que compete por lei, onde casamos, habitamos, etc. etc. *Sexto* — Que não tendo, como não tenho, herdeiros necessários, quero e determino que os meus bens por ocasião da minha morte sejam divididos pela seguinte maneira: A — Lego à Santa Casa de Misericórdia do Rio de Janeiro, com a condição dêste estabelecimento perpetuar os túmulos dos meus finados maridos, Georg Brune, no Rio falecido, em nossa casa à Rua Senador Otaviano, quarenta e dois, em dezesseis julho mil novecentos e doze, a sepultura em São João Batista, túmulo perpétuo quatro mil e quarenta e quatro e Willy Sieler, falecido em nossa casa na Avenida Paulista quarenta e quatro B, em São Paulo, e sepultado no Cemitério Protestante na Rua da Consolação, túmulo duplo, perpétuo, sete, quadra quarenta e sete, e de zelar por eles, lego os meus bens imóveis situados no Rio; (casa Senador Otaviano quarenta e dois e o meu terreno, Rua Filipe Camarão e Rua Alegre, e em São Paulo, o terreno da Vila Clementina, Bairro Mariana). Rezai por mim! B — Aos Hospícios nacionais de alienados e Casas de correção do Rio de Janeiro e de São Paulo, lego todos os meus títulos de renda que estiveram depositados no Brasil, visto que aí estão muito infelizes inocentes seqüestrados nos lugares dos culpados, que soltos gozam de seus crimes e continuam indefinidamente, por falta de justiça humana. C — Os dinheiros existentes em contas correntes, intactas, e abertas em meu nome ainda neste País, lego a àquele ou àqueles, — família ou amigo, que acompanharem-me nos meus últimos dias dando-me carinhos e conforto; e êstes devem dar sete por cento à governante ou enfermeira e dois por cento à criada ou criadas, que prestarem-me algum alívio com os seus serviços aos meus sofrimentos, assistindo ao meu falecimento. — Rezai por mim! Destes meus imóveis e depósitos de títulos, do Brasil (menos as contas correntes existentes) devem ser entregues o líquido, aos legados, só depois de terem sido pagas pelo meu testamenteiro as despesas com a minha moléstia, funeral, bens de alma, inventários e — testamento, e alguma dívida, se vim a contrair ou qualquer conta não paga ainda, e mandar rezar dezesseis Missas por minha Alma, em dezesseis sextas-feiras seguidas. D — As minhas jóias, roupas e malas com objetos guardados nos hotéis Glória e Estrangeiros no Rio, deverão se vendidos, e o seu produto líquido dividido em esmolas perfeitamente iguais, que serão entregues a quatrocentos pobres das Igrejas, São João Batista (Voluntáriós da Pátria), São Jorge (Praça da República) Nossa Senhora da Vitória (Santo Inácio, em São Clemente) Nossa Senhora da Glória (Largo do Machado) para cem pobres em cada Igreja. E — Nota promissória de 80:000$000 (oitenta contos de réis) de primeiro setembro de mil novecentos e vinte e três a mil novecentos e vinte e cinco, que deve-me Georges e Mercedes Masset, lego-a, a ele mesmo, meu irmão Georges, não pela proteção ou carinhos que deu-me; pois, como os outros da família, foram nulos; mas pelas perseguições que sofreu, ele também outrora, do nosso irmão Gustavo Masset, instigado pela sua mulher judia May Hime, que tanto mal fizeram-me, aos meus direitos legítimos, continuando a entrar no Brasilianische Bk f. D., como corretor, aonde (sic) fez boa fortuna devido à proteção oculta, que recebia do diretor Emil John que necessitava ferozmente abafar os crimes do seu banco, na tragédia que sofri, eu sua irmã, por este banco, em mil novecentos e quinze; e se Georges, já m'a tiver pago, deverá esta quantia ser retirada intacta com os respectivos juros, desde do pagamento da promissória a mim, até o dia da minha morte, juros de sete por cento e retirada do quinhão dos meus bens imóveis e do meu depósito de papéis nos bancos no Brasil, antes da partilha A e B e se Georges já faleceu, continuará esta importância no quinhão A e B. F — A minha afilliada May Masset Mac Neill e idem Friedrich Masset Schieck, lego a ambos, a hipoteca que tenho do Doutor Abílio Borges em vinte e um de setembro de mil novecentos e vinte e dois, tabelião Paula e Costa, fls. treze, Livro cento e dezoito de cento e quarenta contos de réis (cento e quarenta contos de réis), vítimas estes também dos ciúmes e inveja da família por me terem amizade e intrigados por ela; lego pois dois terços a May e um terço a Friedrich com a condição que este se afaste imediatamente do Brasilanisches Bk f. D. que só poderá prejudicá-lo; pois foi de novo uma ousada perversidade do banco alemão e fraqueza de caráter de seu Pai. Se já estiverem falecidos, se a hipoteca já me foi paga, mesmas condições que a letra E e para letras A e B. Rezai por mim! e lego os nossos retratos. G — Os bens que possuo na Alemanha, inclusive dinheiro em em conta corrente lego às Casas de Expostos e Correção e Hospícios de Alienados (nacionais) nas cidades de Halle in Westfalen e Zeitz, aonde nasceram meus esposos, depois de serem retiradas as despesas destes na Alemanha; em seis partes iguais com a condição que os títulos, digo, que os tribunais alemães não façam embaraços para punir os bancos criminosos, juízes e advogados compladescentes (sic) e errados, conforme reclamar os meus testamenteiros, o Tribunal Internacional. Caso a Alemanha ou o Brasil quiserem pôr embaraços para abafar sua culpabilidade no meu drama e nos crimes, antes, durante e depois da guerra, ficará suspensa parte que lego aos estabelecimentos do Brasil e da Alemanha e estas somas divididas em partes iguais, recairá sobre os mesmos estabelecimentos em Londres e New-York. H — Os bens que possuo na Inaterra, inclusive dinheiros em conta corrente, depois de retiradas as despesas deste país, lego dividido em seis partes iguais às Casas dos Expostos e Correção e Hospício de Alienados (nacionais) na cidade de Manchester e Londres, nesse País. I — Os bens que possuo na República Argentina, inclusive dinheiro em C/C lego a Casa dos Expostos, Casa de Correção e Hospício de Alienados (nacionais) em três partes iguais, depois de retiradas as despesas a cidade de Buenos Aires, nessa República. J — Os bens que por ocasião do meu falecimento possuir na Alemanha e na Inglaterra (conforme rogatórias, expedidas em mil novecentos e vinte e um) e que ainda estiverem, quer em nome do meu primeiro esposo Georg Brune, quer do segundo Willy Sieler, ou no nome do Brasilianische Bank für Deutschland (matrizes ou filiais) no Rio, São Paulo, Berlim, Hamburgo, Londres, feitos com meu capital e juros e suas fortes especulações, muitos milhares, e que reclamo desde a sua morte, sendo a única e legítima herdeira por lei (1) lego em partes iguais aos Hospícios de Alienados, Correção e Expostos das cidades de Paris e Savoy na França, aris e Génève na Suíça, Veneza e Roma na Itália e Washington e São Francisco (Califórnia) na América do Norte, devendo as despesas dessa importante soma de uns mínimo 16 (dezesseis mil contos) com a liquidação correr por conta dos legatários. E necessário apurar, para o bem de todas as firmas honestas, digo, para o bem geral de todas as firmas honestas nas praças, que lutam com dificuldades e liquidar os desonestos bancos (A verdade!) Sétimo – Não desejo, por forma alguma, ser enterrada no Brasil, onde tanto sofri tão injustamente pelo que peço que meu corpo, devidamente preparado, seja embarcado o mais rápidamente possível em um vapor que trafegue pelo Estreito (Canal de Panamá) e aí seja ele retirado ao mar. Assim, os tribunais brasileiros e alemães estreitaram a minha vida para abafarem crimes de banqueiros alemães e políticos brasileiros, consentindo os governos destes dois países, por suas próprias conveniências, prejudicando a política universal. Oitavo — Nunca suicidar-me-ei (a Deus somente pertence a vida) e se for encontrada morta, se quiserem de novo abafarem este crime, poderão os justos terem certeza que foi mais uma tentativa de assassinato pelos meus grátis inimigos, que padeci, enfim! I — A notar o seguinte: Revogo o testamento feito em mão comum com o meu primeiro esposo Georg Brune, o sobrevivente herdeiro universal do falecido, não há outros herdeiros ou testados por nós; por conseguinte os irmãos de meu falecido esposo G. Brune ou herdeiro deste irmão absolutamente nada terão que receber, visto que uma terça parte do primeiro falecido em "fideicomisso" aqui, por forma alguma posso eu "avantajar ou restringir", qualquer membro dessa família, conforma nosso testamento, visto essa cláusula ter sido posta por nós, para que as nossas famílias acompanhassem em atenções e carinhos o sobrevivente; visto não termos filhos, mas fortuna; e ambos não vivermos de aparatos, mas de coração; e conhecendo bem a vida e as leis, quisemos acautelar-nos. Que ilusão! O pouco, digo, o processo ilícito por todas as leis privadas ou internacionais sustento eu há mais de onze anos e assim quebraram-se e enveneram-me a vida, por esta injustiça sofrida e revolucionante. Os meus testamenteiros devem não somente deserdá-los do "fideicomisso" feito por mim em mil novecentos e doze; mas ainda fazer-lhes restituir o que roubaram-me na Alemanha, e fazê-los pagar as somas que me devem; e uma quinta parte da herança de minha sogra, Luiza Meyer Brune, conforme está em nosso inventário. II – A minha família Leuzinger Masset nada lego, fizeram-me sofrer muito moralmente com seu indiferentismo, egoísmo e covardia, nas duas minhas, digo, viuvezes abandonaram-me e isolam-me. III — A família de meu segundo esposo Willy Sieler em Zeitz nada absolutamente tem direito de receber, por lei; pode a tal Companhia Testamenteira em Berlim *(palavras ilegíveis)*, mais um instrumento do Disconto-Geselschaft – Matrizes e filiais) em Hamburg (Norddeutsche Bank), avançar ainda, com seus crimes, indefinidamente? Meu segundo marido, seu diretor, só tinha dívidas quando nos consorciamos, e o nosso ato antinupcial e o seu documento de dívidas foi atacado vilmente nos tribunais do Rio; fez grande fortuna no convênio do casamento comigo; e eu sou sua única herdeira e legitimamente digo, e legitimamente por lei, sem concorrentes algum; por seu criminoso banco ter tomado a procuração da família Sieler baseado num testamento caduco! Infâmia e há mais de nove anos sofro desse inverossimel abuso! Paguem o que me devem. Outrossim, passou tal família a ter melhor passadiço, com o nosso casamento e deve-me uma quarta parte que nos toca. Com a morte de meu sogro Sieler, falecido em primeiro de novembro *(dilacerada a data do ano)*. IV — Desejo que o meu testamento de mão comum com Georg Sieler, o meu testamento feito em mil e novecentos e quatorze (casada com Willy Sile, digo Willy Sieler) e em mãos do meu advogado Dr. J. Pires Brandão já receava a perseguição do banco, ao seu instrumento Sieler, por este nada mais querer saber de desonestidades, depois de seu consórcio comigo; arma-lhe a mão, rouba-me e ainda faz-me campanha, e assim como este meu testamento, sejam publicados no Brasil, Alemanha e Inglaterra, para que no futuro não faça tantas injustiças, permitindo aos advogados de liquidarem as suas clientes honestas e retas, tornando-as (há uma palavra dilacerada); desrespeitando os documentos, e alimentando assim os crimes, a custa do sofrimenro das vítimas destes. V — Peço Justiça aos meus testamenteiros; que o meu direito e o de cada um seja respeitado e que as autoridades façam os seus deveres. Deus somente sabe quanto sofri, sempre com forças para tudo suportar pela sua misericórdia; peço perdão a Ele, e a todos que fiz sofrer involuntariamente; mas faleço insistindo pela justiça, que há tantos anos espero, para o bem do mundo; e que Ele receba piedosamente a minha alma. VI – Farei um "Codicil" para este testamento, caso falecer em condições diferentes, da minha vida atual; e peço aos tribunais universais que cumpram, com todos pormenores com muita energia; e dando, sem vacilar, as punições. VII – Se falecer antes que a Justiça internacional me tiver feito justiça, restituindo os meus legítimos direitos; falecerei, levando comigo os possantes segredos que possuo, na política da guerra e armistício, visto que, não os posso declarar, antes que tenha, os meus direitos em pleno, e assim continuará o desassossego no universo; não poderei mais apontá-los, sou humana, e por conseguinte, neutra; vítima e martirizada, mas não santa. Deus somente poderá julgar-me. 9 – Marco o prazo de dois anos prorrogáveis para o cumprimento deste testamento. 10 — Nomeio meus testamenteiros e inventariantes dos meus bens, o Tribunal de Justiça Internacional de la Haye, Holanda, que nomeará Juízes e advogados competentes nos países; para que assim ao menos seja feita a justiça (para mim tardia); mas que será de grande proveito à humanidade; substituindo-os caso venham a falecer, antes do cumprimento deste, os testadores do tribunal universal. A todos tenho por abonados. Juntarei a este testamento uma carta na qual nomearei todos meus haveres e onde eles estão depositados exatamente, visto hoje correrem ainda os meus processos ilícitos acaparando-se do meu tempo e atrazando minha administração; avantajando ainda os culpados impunes. 11 — E por esta forma tenho concluído meu testamento, que foi escrito pelo meu próprio punho, e depois de lido e achado conforme a minha vontade, e ao que escrevi e dou por bom, firme e valiosos rogando às Justiças competentes que o cumpram e façam cumprir, NA HOLANDA; onde há a Tribunal permanente e universal, tão inteiramente como nele se contem e declara; ficando nulo e sem efeito, quaisquer outros testamentos que anteriormente tenha feito. – Gabrielle Brune-Sieler.

Depoimento perante a polícia de Paris

MINISTÉRIO DAS RELAÇÕES EXTERIORES
CONSULADO GERAL DOS ESTADOS UNIDOS DO BRASIL
Paris, 3 de dezembro de 1924 – Nº 48 N.C. – Partida para o Brasil da Sra. GABRIELLA SIELER.

A Sua Excelência o Senhor José Felix Alves Pacheco, Ministro de Estado das Relações Exteriores.

Senhor Ministro,

Tenho a honra de confirmar o meu telegrama cifrado de hoje, do teor seguinte: "GABRIELLE BRUNE SIELER PARTIU ALMANZORA SERVIÇO ALIENADOS POLÍCIA AQUI AFIRMA SOFRER FACULDADES MENTAIS NECESSÁRIO VIGILÂNCIA IMEDIATA DESDE CHEGADA EVITAR QUALQUER DESACATO EMBAIXADA FRANÇA IMPEDIR VOLTA AQUI CONVINHA PREVENIR IRMÃO JORGE MASSET".

Envio a Vossa Excelência junto a este as cópias do ofício que me dirigiu a Prefeitura de Polícia e do inquérito, feito por ordem do Ministro do Interior com relação à brasileira D. Gabriella Brune Sieler. Por esses documentos verá Vossa Excelência que o Serviço de Alienados da Prefeitura de Polícia julga que a Senhora

Gabriella Sieler está sofrendo das faculdades mentais, tornando-se mesmo perigosa à ordem pública.

Informa mais a Polícia que havia dado conhecimento ao Sr. Gustavo Masset, irmão da Senhora Sieler aqui de passagem, sobre o estado de sua irmã. O Sr. Masset, por motivos pessoais, alegou não poder interessar-se pelo caso.

Para impedir que a Senhora Sieler ficasse aqui internada, sem ter ao menos os cuidados da Família, intervi e consegui que a mesma senhora, sob falsas promessas que lhe fez a Prefeitura de Polícia, partisse para o Rio de Janeiro. Apesar de não ter podido o Sr. Masset ocupar-se, eu o informei dos passos que o Consulado deu e com os quais o Sr. Masset esteve de acordo. A Prefeitura pede, muito especialmente, a atenção das autoridades brasileiras, para que a Senhora Sieler não pratique algum atentado contra qualquer membro da Embaixada de França, pois a mesma senhora se queixa de ter sido insultada pelo Sr. Embaixador Conty, como Vossa Excelência verá pelo inquérito. Este Consulado Geral que teve grande e delicado trabalho nesse caso, pensa ter prestado um serviço a uma compatriota que poderá aí sob as vistas da família, ser tratada com mais carinho do que internada aqui, sem ter quem por ela se interessasse. Aproveito o ensejo para reiterar a Vossa Excelência os protestos de minha respeitosa consideração.

João Baptista Lopes.

República Francesa

PREFEITURA DE POLÍCIA – 3ª Divisão – 1º Gabinete. 1ª Seção, nº 227.103.

SUMÁRIO: Referência : Mme. MASSET Viúva Sieler.
SERVIÇO DE ALIENADOS
Paris em dois de dezembro de 1924.

O prefeito da Polícia ao Senhor Cônsul Geral dos Estados Unidos do Brasil.

De acordo com o desejo manifestado em vossa carta de 29 de novembro passado, tenho a honra de vos transmitir anexo a este, a cópia de uma parte que se refere aos resultados duma diligência efetuada pelo meus serviços com referência de Mme. Masset, Viúva Sieler (Gabrielle, Louise).

Essa pessoa foi sinalada especialmente ao meu serviço pelo Ministro do Interior, em consequência das diligências que ela levara a efeito, a fim de entender-se com o Senhor Herriot, Presidente do Conselho, e imediatamente ela ficara sob observação próxima, pelos meus serviços.

Tendo sido ouvida durante a diligência, Mme. Sieler expôs os pormenores dum pretendido *complot* bolchevique tramado contra ela, desde a sua chegada na França, a fim de fazê-la desaparecer, e declarou notoriamente: "Eu já poderia ter atraído a atenção do mundo sobre mim, matando uma pessoa de influência. Eu posso matar uma, e mesmo quinze, estou certa, que não me condenarão, pois que tenho sob minhas mãos a paz universal eu sozinha a tenho, porém tenho hesitado em derramar sangue; é porque vim à Europa. Na França jogarei a última carta."

Mme. Sieler, que, como o tinha afirmado o seu irmão, efetivamente estava armada de revólver, e que parecia suscetível de tornar-se perigosa à ordem pública ou a seguridade das pessoas, pôde, de acordo com o desejo que V. S. bem entendeu manifestar-me, ser decidida para embarcar em regresso para o Brasil.

Pelo Prefeito de Polícia: Pelo Secretário Geral, O Chefe da 3ª Divisão: H. Nicole.

CÓPIA.

19 DE NOVEMBRO DE 1924.

Madame VIÚVA SIELER é nascida MASSET, Gabriela Luisa, e nascera em Rio de Janeiro (Brasil) a 23 de junho de 1874 ou 1875 como filha dos falecidos Gustavo e dona Eugênia Leuzinger. Ela não tem filhos. Desde o 24 de setembro último ela está hospedada no Hotel Continental, 3 Rue de Castiione, com diária de cinqüenta francos, e procede de Bruxelas onde esteve hospedada no Palace Hotel.

A acima mencionada é viúva em primeiras núpcias de um senhor BRUNE, Georges Edouard (Jorge Eduardo Brune), e em segundas núpcias de SIELER, Fréderic Wilhem (Frederico Guilherme Sieler), e é porque se faz chamar BRUNE-SIELER. Ela foi assunto duma informação do Serviço de Estrangeiros, em data de 14 de outubro de 1924, na qual ela está designada sob o nome de

Sieler-Brune, née Leuzinger-Masset, nascida em 1884 no Rio de Janeiro (Brasil).

Em 25 de outubro de 1924 ela faz requerimento de carteira de identidade, tendo se feito inscrever sob o nome de Brune-Sieler, Sevig Willy, nascida em Zeit (Alemanha), de nacionalidade brasileira por filiação. Ela apresentou, em apoio de seu requerimento, um passaporte brasileiro n° 1.040 datado de 24 de maio de 1924.

Foram recolhidas as verificações seguintes: Madame Viúva Sieler, Gabrielle, Louise, tendo sido interrogada em 3 de novembro corrente, sob um motivo especioso "Controle de Estrangeiros", declarou:

"Chamo-me Madame Brune-Sieler, NÉE Mademoiselle Masset, Gabrielle, Louise, e nasci em Rio de Janeiro (Brasil) a 23 de Junho de 1888, e não tomeis nota do ano do meu nascimento, pois este foi falsificado nos autos de matrimônio, pois num me fizeram mais idosa e no outro, mais jovem, porém eu sei bem que nasci em 1888. Meu pai, Senhor Gustave Léon Masset, natural de Annecy (Alta Savóia) faleceu em Rio de Janeiro com idade de 47 anos (o ano do seu falecimento não tem importância alguma para V.S.). Minha mãe, Mademoiselle Eugenie Leuzinger, faleceu em Rio de Janeiro em 1922.

Casei-me com o Senhor Jorge Eduardo Brune (Georges Edouard) (em 20 de abril... pouco importando em que ano, pois é suficiente para V.S. saber que ainda era menor; que eu tivesse 12 ou 18 anos, isso não terá interesse algum). O Senhor Brune, faleceu em Rio de Janeiro a 16 de julho de 1912, e me casei novamente com o Senhor Frederico Guilherme, chamado 'Willy' (Fréderic, Willem dit 'Willy'), em 24 de maio de 1913. Naquela época eu já era maior, e meu segundo marido cuja idade pouco vos poderá importar, nasceu em Zeitz (Alemanha) porém era brasileiro pois chegara muito jovem em Rio de Janeiro.

O Senhor Sieler suicidou-se em São Paulo (Brasil) a 18 de janeiro de 1915, depois de ter dado um tiro de revólver sobre mim, pois que eu queria divorciar-me. Dizer-vos tudo que tenho sofrido, me seria impossível. No seu falecimento o Senhor Brune me deixara uma fortuna importante, da qual eu pus um parte à disposição do Senhor Sieler, para que lhe servisse de caução no Banco 'Brasilianische Bank für Deutschland' em São Paulo, do qual ele era Diretor. Quis entrar novamente em posse da caução, porém é inútil que eu vos faça saber a importância, porém, como eu não tinha exigido do meu marido reconhecimento algum da dívida, o Banco me negou o pagamento, pois que os parentes do Senhor Sieler, todos alemães, reivindicaram a propriedade.

Vi-me portanto obrigada a dirigir-me aos tribunais brasileiros que não quiseram dar-me ganho de causa. Os jornais brasileiros, pagos pelos alemães, me tornaram à parte e publicaram artigos nos quais fui injuriada e tratada como mulher de má vida.

Os alemães quiseram me envenenar, fui vítima dum acidente de automóvel provocado pelo chauffeur, meteram fogo em minha casa enquanto ainda estive doente do acidente de auto, e tudo isso com a finalidade de suprimir-me. As tentativas de envenenamento são numerosas, mais eu sempre fiz esforços sobre minha saúde e meus nervos estão esgotados.

Em 1931 perdi a voz, que tive muito bela, porém como não tenho provas, o atribuo a uma doença natural.

Em 1922, fiquei paralisada durante várias semanas, em conseqüência, como creio, de absorção de vidro triturado que tinham misturado aos meus alimentos.

No Rio de Janeiro, minha família fez circular o boato que eu era louca, estando ela ligada aos ingleses, e estes se aproveitaram dos meus papéis para se engrandecerem; eles ainda não fizeram tudo que quiseram, porém o farão se eu não opuser obstáculo.

No Rio de Janeiro eu fui observada, seguida por indivíduos pagos pelos inimigos, que queriam ter segurança se eu reagiria ou armaria escândalo a fim de me fazerem adoecer como louca. Tenho lhes jogado uma boa peça a fim de escapar-lhes, pois vim para a Europa.

Tenho sido insultada pelo Senhor Conty, Embaixador da França em Rio, devido a um passaporte, que ele não quis assinar.

Em Amsterdam, o Ministro das Relações Estrangeiras não quis se ocupar dos meus assuntos, porque é amigo dos alemães. Em Berlim as autoridades quiseram proteger-me, porém sob a condição que eu reconheça ser alemã e não brasileira. Compreendi bem, que isso era uma manobra contra mim e não quis renunciar à minha qualidade de brasileira. Em Londres, os advogados e o governo me privaram de todo o dinheiro que puderam. Eu tinha jurado sobre o túmulo do meu marido, de pagar durante nove anos, todas as custas de justiça, e o fiz, porém depois de nove meses eu não pago mais.

Minha correspondência é inteceptada ou suprimida, e sei-o.

Em Bruxelas onde estive antes de vir para Paris, fui recebida pelo Ministro das Relações Exteriores, que me dissera, não poder ocupar-se de mim por ter medo de provocar complicações diplomáticas, com a Alemanha. Ele disse mais, que cabe à França, tomar a minha defesa, pois que sou de origem francesa.

Estou bem decidida fiz o sacrifício de minha pessoa e quero fazer a felicidade do Brasil e da França e para isso, deverei casar-me com um diplomata francês, ao qual eu fornecerei segredos que são de natureza que modificaria a situação da Europa.

A Inglaterra é demasiado rica, e ela sempre se aproveitou das castanhas que os outros povos lhe tiravam do fogo.

Eu sei, que deverei ser prudente, pois sou observada por espiões alemães que querem me privar de livrar-me dos segredos que detenho, e não irei mais dentro de poucos dias até o ministério das relações exteriores, e quando eu for lá, somente será de noite cerrada, e dissimulada sob um véu preto.

Tenho parentes em Paris, porém nem quero fazer-vos saber nem seu nome e nem seu endereço, pois não quero que lhes aconteça alguma desgraça; todos que se aproximam de mim, que me protegem, caem doentes.

Isso não é uma simples coincidência, pois é pretendido pelos meus inimigos, visto que o caso já se produziu mais que 150 vezes.

Tudo que vos poderei dizer, é que tive uma tia, Madame Masset, Isabela, que morreu em 1922, quando residia Avenue Henri Martin.

Hospedei-me no Hotel Continental, porque este não é frequentado por brasileiros e porque assim não arrisco ser reconhecida por compatriotas."

Em continuação a essas declarações, a Senhora Sieler mostrou um pacote de cópias de cartas, que declarou ser a *pasta de seus assuntos*. Tudo é escrito em português e compreende 36 páginas a máquina de escrever, divididas em várias partes que levam anotações manuscritas seguintes: 1º Exposição do caso, feita em 1915 aos juizes brasileiros em Rio de Janeiro; 2º "Carta dirigida em 1920 aos Senhor Embaixador do Brasil em Londres" por lhe fazer conhecer, que uma agência "Ennemy Trusté" lhe aconselhara ficar na Inglaterra, para garantir a defesa dos seus interesses"; 3º Exposição feita em 1921 em Rio de Janeiro, do drama do roubo de que fui vítima, e de minhas diligências junto ao Ministério das Relações Exteriores Brasileiro; 4º Descrição de minha fortuna, feita a pedido dos ingleses, com a exposição dos erros queridos pelo banqueiros alemães, a fim de enganar os ingleses; 5° Cópia dum passaporte "1919-20", me dirigi para Amsterdam, Genebra, Berlim, a Bélgica?, para Londres e Paris; 6° "Cópia duma carta dirigida ao Presidente da República do Brasil e aos advogados do Banco Alemão em Rio de Janeiro, em outubro de 1922, após a perda de meus dois processos. Os juízes de Rio de Janeiro foram expulsos graças a carta que escrevi ao presidente da república. Apesar dessa medida, meus direitos não foram atendidos. E devido aos meus processos deverá rebentar outra revolução no Brasil".

A tradução e a cópia dêsses documentos não parecem necessários, para conhecer-se o estado mental de Mme. Sieler.

As buscas feitas na Intendência do VI Distrito, permitiram estabelecer, que a tia da Madame Sieler Madame viúva Masset, Isabelle, falecera em seu domicílio, Avenue Henri Martin. Nesse endereço ainda reside o filho da falecida, Senhor Masset, Charles, de 70 anos, proprietário do imóvel.

O Senhor Masset declarou: "Madame Viúva Sieler é minha prima legítima, e não a vi desde 1922 e ignorava a sua presença atual em Paris. Considero-a uma desequilibrada, uma exaltada, e por esses motivos eu não quero me ocupar dela, nem mesmo revê-la. Seus dois maridos foram de nacionalidade alemã. O primeiro, Senhor Brune, ao falecer lhe deixara uma fortuna superior a três milhões de francos, dos quais dispôs o segundo, Senhor Sieler, que fôra diretor de banco. Após o falecimento desse último minha prima não pôde entrar na posse de sua fortuna porque os parentes do Senhor Sieler reinvidicaram a propriedade. Minha prima intentou várias ações, que ela perdeu, e creio que é em virtude dessas preocupações que ela tem tido perturbações mentais. A última vez que a vi, ela se julgava perseguida por todo mundo, e especialmente pelos membros de sua família; ela pretendia igualmente, que todos os homens corriam atrás dela, como cães atrás duma cadela *(sic)*. Eu não vos posso dizer exatamente a idade dela, porém, ela no mínimo tem 50 anos. No mais, o seu irmão Senhor Gustave Masset, de passagem por Paris, mora no Hotel Lutetia, e ele vos dará informações mais amplas a respeito dela. Em minha opinião, e no seu próprio interesse, a minha prima deveria ser cuidada num hospício".

O Senhor Gustave Masset, de 52 anos de idade, irmão de Madame Sieler, domiciliado em Rio de Janeiro, Real Grandeza nº 1, e atualmente no Hotel Lutetia, 43 Boulevard Raspail, fez as seguintes declarações:

"Minha irmã Gabriela nasceu em Rio de Janeiro a 23 de junho de 1874 ou 1875 eu não posso precisar a data, no entanto será em 1874. Cessei de freqüentá-la desde 1915, isso é, algum tempo depois do suicídio de seu segundo marido, Senhor Sieler, porém nem por isso nunca a perdi completamente de vista e estou ao correr da maioria dos seus afazeres.

É uma perseguida vingadora e um pouco mística, mesmo que seja lúcida e inteligente. Seu primeiro marido, Senhor Brune, de nacionalidade alemã, era muito mais velho que ela, e por assim dizer, impotente, e creio que ele não dava satisfação a ela sob o ponto de vista matrimonial. Faleceu em 1912, deixando à minha irmã uma fortuna de aproximadamente quatro milhões de francos.

O Senhor Sieler, seu segundo marido, igualmente alemão, ao contrário, era mais moço que ela, e no entanto ela lhe tornou a vida muito infeliz; finalmente não queria ter relações íntimas com ele, e seu unico cuidado foi o dinheiro.

Ela tinha emprestado ao Senhor Sieler a importância necessária para a sua caução, e confiou-lhe uma parte de sua fortuna, a fim de fazê-la dar rendimento no Banco que ele dirigia em São

Paulo. Pouco tempo após seu matrimônio, querendo ela própria administrar os seus bens, ela o incomodara, para que ele lhe entregasse as importâncias de quais ele dispusera.

Que se teria passado na verdade? Eu não saberia dizê-lo, porém, em todos os casos o desenlace foi o seguinte: o Senhor Sieler deu tiro de revólver sobre sua esposa, ferindo-a no ombro esquerdo, e suicidou-se. Tal é a versão admitida pela justiça e sou obrigado a considerá-la exata; esse drama se desenvolveu sem testemunhas.

Após o suicídio do Senhor Sieler, ela quis entrar na posse dos seus valores, porém, a família do falecido reinvidicara tal propriedade. Minha irmã não pôde produzir as peças que estabelecessem os seus direitos, e os tribunais não lhe deram razão; ela encaprichou-se e gastou muito dinheiro sem resultado. Julgando, que todos os juízes brasileiros tomassem partido contra ela, ela dirigira várias queixas ao Governo, solicitando sua proteção a homens da política e indo até a querer se casar com um dos mais influentes, finalmente cometeu tais excentricidades, que a Polícia ficou encarregada de exercer uma vigilância a seu respeito, em vista de sua internação numa casa de alienados.

No meio tempo, ela se desaveio com todos os seus parentes e amigos, que lhe aconselharam abandonar o seu processo. Para uma importância de aproximadamente cem mil francos, ela gastara a maior parte de sua fortuna; creio mesmo, que sua situação atual deva ser precária. Finalmente ela se decidira vir para a Europa, para que lhe seja feita justiça. Para tal efeito, ela se dirigiu ao Chefe do Governo de vários Estados (Inaterra, Holanda, Alemanha, etc.), e se fez correr de todos os países.

Em Berlim onde ou devia ser internada ou presa, foi necessária a intervenção do embaixador brasileiro para fazer repatriá-la. Na Inglaterra ela fizera grandes dívidas que não quer pagar.

Suas atuações em tôda a parte são as mesmas: ela quer casar-se com um homem político estrangeiro a fim de tê-lo como protetor nas suas reinvidicações e de fazer a felicidade de sua pátria de adoção e do Brasil, do qual ela crê ser a dirigente do seu destino.

Ela tem uma outra mania: pois se crê admirada e perseguida por todos os homens. Minha irmã certamente tem necessidade de ser cuidada, mais eu não posso e nem quero me ocupar dela. Eu peço mesmo, que a minha passagem em Paris nem lhe seja indicada, pois ela, não amando-nos, viria aborrercer a minha esposa e a mim. É meu dever, previnir-vos que ela sempre está armada de revólver e que ela é capaz, de um momento para outro, de exercer atos de violência. Em minha opinião, ela terminará suicidando-se ou matando alguém.

O Senhor Embaixador do Brasil em Paris, que conhecia bem particularmente a minha família, poderá dar-vos informações sobre a minha irmã".

O Senhor Cônsul Geral do Brasil, conhece muito bem a família Masset, que é uma das mais importantes do Rio de Janeiro. Ele confirma os dizeres do Senhor Masset, Gustave, e requer que a Administração tenha alguma consideração para Madame Sieler, se tal fôr possível, sem contudo comprometer a ordem e a tranqüilidade públicas.

Sabendo, que a Senhora Sieler se julga perseguida, pelo Governo, e pelos funcionários brasileiros e duvidando da eficácia de sua intervenção, o Senhor Cônsul pede, que um Agente da Administração se empenhe para decidir a Senhora Sieler para que embarque com destino ao Brasil. Em caso de não obter efeito, ele faria que se fizesse a mesma diligência por um adido do Consulado, e finalmente, se não houvesse outros meios, se teria o recurso do internamento.

228

O Cônsul do Brasil pede finalmente de ser informado logo sobre o andamento dado a esse assunto.

Madame Sieler, foi interrogada por segunda vez em 14 de novembro, num dos salões do Hotel Continental; ela declarou:

"Estou contente em ver-vos, porque se passaram fatos muito importantes depois de vossa visita. Sou seguida na rua, por espiões que operam por conta da Alemanha e da Inglaterra. Aqui no hotel há um empregado que vos mostrarei, e que igualmente me espia. Minha tranquilidade não podia durar, como em toda outra parte me deixaram tranqüila durante os quinze ou vinte primeiros dias, porém eles encontraram o meu rasto de novo, e todos eles se apresentam como 'admiradores', sendo em realidade, espiões; O primeiro que me atacou, se dizia italiano, porém, creio antes que seja alemão ou austríaco; ele me fez proposições amorosas que eu rejeitei, porém como eu queria saber ao certo quem era ele, eu aceitei um encontro que ele me dera para a outra manhã no Café du Louvre, onde se guardou bem de vir, sabendo-se descoberto. Um outro, magro me identificou, passando por mim, afim de assegurar-se de minha personalidade. São numerosos, nem vos poderia descrevê-los, porém será necessário que V. saiba que estou sendo espionada.

Sou obrigada a pôr o meu caso nas mãos da diplomacia, sou toda em favor disso, conheço demasiadas coisas desde 1915, enganei os ingleses, e eles não querem que eu me dê a outro poder, por que conhecem o valor dos meus segredos. Estou muito desapontada por não ter recebido uma carta das Relações Estrangeiras Francesa.

No Rio de Janeiro eu tenho muitos amigos e muitos inimigos. O país forma dois partidos, um por mim, e o outro contra, tenho mesmo uma questão com o meu irmão Gustavo, por causa do meu ferimento; fui abandonada por toda a família, felizmente numerosos amigos me têm sustentado.

Fui acusada de ter matado o meu marido, meu irmão não me deu razão, e é por isso que eu não o quero. Sua mulher, uma judia inglesa, é amante dum inglês e ela espionou o Brasil por conta dos ingleses.

Minha maior inimiga é Elena Yohn, viúva dum banqueiro; ela tem muitos assassinatos sobre a consciência, e é por ordem sua que me envenenaram no Rio de Janeiro. Eu não sei, se a espsa do meu marido Gustavo quisera envenenar-me, mas sei, que ela me odeia, ela me sugestiona, sou a causa das dores dela, porque me revoltei e porque não quis me deixar levar.

Divertem-se em dizer-me, que o meu caso é particular e não político; porque então, não me dão o meio de sair-me do mesmo? Fazem tudo para me tornarem louca, deixam-me tranqüila durante alguns dias e depois tudo começa de novo. Estou ao corrente de todos os seus atos e tenho três malas cheias de documentos e de notas feitas de dia em dia. Escrevo durante toda a noite, e é por isso que nunca me levanto antes das onze horas.

Tenho passado o meu tempo dedicando-me ao Senhor Brune e não tive prazer com o Senhor Sieler.

Fui pedida em casamento no Rio por todos os diplomatas estrangeiros, menos por um francês que se comportou como imbecil, é verdade que ele é casado; tenho refugado todos os partidos. Compreendo agora, que eu me deveria casar com um diplomata norte-americano, e o Ministro dos Negócios Estrangeiros de Londres, que me pede voltar para Londres, quis mostrar-me ao Embaixador Brasileiro que não me recebeu.

Um dos meus amigos, advogado no Rio, me enviou uma carta que recebi ante-ontem; ele, me faz saber; que a revolução caminha bem no Brasil, e que poderá ser, que dentro de alguns dias serei chamada para ocupar um cargo elevado no governo brasileiro.

Que o Senhor Herriot se apresse, pois que fazer a felicidade da França, mas não há mais tempo a perder, e vós podereis dizer-lhe isso de minha parte".

A Senhora Sieler, tendo-se mostrado particularmente debilitada dos nervos e sobreexcitada, a questão do embarque não foi abordada por temer-se a provocação dum escândalo nos salões do Continental.

Convocada para a Repartição, ela se apresentou às 15 horas do 14 de novembro.

Conjunto de provas da apelação

No caso dos autos, porém o conjunto de provas é extraordinariamente volumoso. Pode mesmo dizer-se que há excesso de elementos para a análise dos peritos. Raramente ações de nulidade de testamento terão elementos tão seguros, tão insuspeitos, e tão convincentes para levar ao espírito de qualquer leigo a certeza da insanidade mental do testador:

I. são cartas escritas do próprio punho da testadora e reveladoras do seus delírios de interpretação, de querelância e de perseguição;

II. são dois laudos de perícias realizadas em vida por peritos de nomeada, que concluem pela sua insanidade mental;

III. é a sua própria interdição;

IV. é o depoimento de seu marido em carta aos cunhados a respeito do comportamento da testadora na viagem de núpcias, que o levou a acompanhá-la à consulta do psiquiátra Michaëlis, de Berlim;

V.   é sua passagem pelo serviço de alienados da Polícia de Paris, no mesmo ano da feitura do segundo testamento;

VI.   são as próprias disposições testamentárias reveladoras da sua incapacidade de testar, quer no primeiro testamento, quer no segundo.

Cumpre desde logo acentuar que no primeiro testamento as disposições não são lógicas, nem coordenadas, como pode parecer a um exame perfunctório. Além da deixa extravagante da fundação de uma associação para pôr abaixo uma lei, há circunstâncias de deixas de uma mesma coisa para pessoas diferentes, além dos dizeres constantes do envelope onde se acha o testamento.

A vida toda da testadora, desde 1912, comprovada nos autos, está a caracterizar um traço comum: a permanência da insanidade, a persistência dos delírios que a levaram a interdição e ao túmulo. É de se destacar que a doença mental da testadora era de natureza cônica e evolutiva como declara o Dr. Odilon Galloti no seu laudo, respondendo ao quesito nº 6 formulado pelo Dr. Testamenteiro Judicial e o quesito 2º dos Autores, em o qual mais explicitamente afirma tratar-se de doença *crônica,* de *evolução contínua, progressiva.*

Ninguém, nem mesmo o próprio assistente técnico dos réus, pode deixar de reconhecer que a testadora, na época da leitura do testamento, como em todas as ocasiões anteriores ou posteriores, sempre foi uma delirante. Todo o seu raciocínio, tôda a sua atitude, todos os atos e todos os fatos da sua vida estão a demonstrar que têm por base um delírio de perseguição.

O Código Civil no art. 1.627, nº II e III, declara serem incapazes de testar *os loucos de todo gênero* e "os que, ao testar, não estejam em seu perfeito juízo".

Assim exige a lei, porque o ato de testar é um ato de vontade, pelo qual, o homem modifica a ordem legal da sucessão, dispondo de modo diverso do estabelecido na lei.

ESTE LIVRO FOI IMPRESSO EM SÃO PAULO PELA PROL GRÁFICA NA PRIMAVERA DE 2008. NO TEXTO DA OBRA FOI UTILIZADA A FONTE ITC New Baskerville, EM CORPO 12, COM ENTRELINHA DE 17 PONTOS.